云中锦书

吴蓉瑾——

著

我的
情感教育
手记

上海教育出版社
SHANGHAI EDUCATIONAL
PUBLISHING HOUSE

目录

序 / 于漪 /001

自序
做孩子快乐生活、全面发展的守护者 /007

一年级：嫩芽初见 /032

二年级：荷尖才露 /068

三年级：苔花米小 /098

四年级：方塘鉴开 /146

五年级：溪声日夜 /184

情感教育的信息化 /230

附录
写作文——字、词、句、段、篇 /254
写作文步骤：想—写—读—改 /260
《我的战友邱少云》教案 /268
《扬州茶馆》教案 /275

后记
感恩于漪先生 /280

序

　　吴蓉瑾是我十分敬重的老师，她组织与培养的中共一大会址的"小小讲解员"一棒接一棒，坚持十数年，不断发展，不断创新，曾使我感动不已。感动于她对儿童教育价值与意义的深刻理解，感动于她身体力行，在儿童心中播撒理想的种子，引领他们从小立志，赓续红色血脉。教师有了这份对党的教育事业的忠诚，心里就亮堂起来，努力创造立德树人的新业绩。眼下，《云中锦书——我的情感教育手记》就是生动记述的明证。

　　该书即将付梓出版，吴老师嘱我写序，我有幸先读书稿，感受师生之间情感交流的魅力。教师的挚爱深情，孩子的童真童趣，使我这名鲐背之年的老教师瞬间年轻了好多岁，享受教育岁月的美好与幸福。

　　我们的教育方针是促进学生的全面发展，

　　"人的全面发展"的思想是马克思主义最高价值理想，也是未来社会的价值目标。然而，由于认识、观念、历史、社会、文化等诸多复杂因素的影响，成育现场较长时间重"智"轻"德"、重"智"轻"情"的倾向十分严重。迷信智商，智力开发忽视年龄特征，层层加码，拔苗助长；对真善美的启蒙大大忽视，情感、态度、价值观等情商世界的培育与滋养明显缺失。在这种情况下吴蓉瑾老师认识到如若随波逐流会阻碍儿童的全面发展。她从自身求学的真切体验出发，提出情感成育是儿童成长的基础的基础，没有情感的发展就没有人的全面发展。于是，她义无反顾地进行情感成育的实践，并努力与自己的语文成学结合起来，渗透、熏陶，滋养儿童心灵。认清方向主动作为，是优秀成师成长的必备品格，十分可贵。

　　　开展探索、研究，并非都要高、大、上，先搭一个或搬来一个现成的理论框架，然后找

一些或较多其他材料塞进去，加以验证，做某个理论的论据。这种为研究而研究的做法，貌似科学，实质从概念到概念，从理论到理论，难以有实实在在的育人效果，往往有假、大、空之嫌。情感世界是人独有的，内涵极其丰富，而且多姿多彩。内容有亲情、友情、师生情、乡情、素子情、天下苍生情寸寸；情有亲疏、粗细、大小、浓淡等之别；情与趣相连，又有雅俗、高下、纯粹杂糅的不同，如若胡子眉毛一把抓，必然丢东失西，事倍而功半，更可能是完全不得要领。吴蓉瑾老师的情感教育实践扎根在小学教育的土地上，根据学生的年龄特征，从学生情感发展的基础需求出发，确立情感教育的内容与目的，在激发情趣、控制情绪、培养情操上着力。采取开放的态度，既与学科教学（如"写作晴雨表"的制定与运用）、学校教育统合实施，又借助家长与社会的积极力量。一名名儿童情感的转变、发展、进步，德智体美等获得全面发展，充分说明探索、研究、实践、施行必须洞悉和尊重学生的实际，一切民育活动从学生实际出发的可贵与重要。这实际上是民育坚持唯物论的表现。目中有学生，是一切民育行为、民育活动的第一要义。

　　一花独放不是春，万紫千红春满园。任何民育改革要取得实效，一要靠群体的力量，二要靠时间的积淀。吴营瑾老师情感民育之所以取得实效、长效，除了她个人的智慧与力量的奉献外，还善于发现并信赖同伴身上蕴含的民育潜力，于是，像滚雪球一样，改革实践的力量越来越壮大。这不仅是人员数量的增添，更是人聪明、才能的释放，集思广益，互补互促，不断提升研究的质量。

　　其中，程华老校长起了至关重要的作用。他不但慧眼识人，更在于把握这项研究的价值与举措努力推广，深入民师群体的心，形成了卢湾第一小学的育人品牌，惠及卢湾一小的莘

莘学子。

　　这项研究与实施不是静止的，不是复制过去，而是随着时代的发展而不断发展、进步、创造，焕发勃勃生机。吴蓉瑾老师的可贵不仅在虚心地传承，包括理性认识和老一辈民育工作者的实践经验，更在于勇于创新，面对学生在时代环境中成长的多种变化，采用先进的科技手段，把握多层面多渠道信息，制定更为有针对性的策略，提升育人效果。她的实践的五个阶段，是一步步踏踏实实走过来的，她的情感态度与信息化的融合，情感态度与数字化的结合，用数据对情感进行分析，以数据了解学生的所长所好，不断调整民育策略，引导学生更高效地学习，更健康地成长。这种发展、进步，无不洋溢着时代的风采，给人以深刻的启示，催人比照，催人奋进。

　　精彩全在"情感民育手记"之中。以上所述不过是一名老民师初读书稿的肤浅之见，要

005

深入体味其中奥妙，须亲口品尝，咀嚼推敲。祝愿这本教育手记成为小学老师们的案头伙伴，从中吸收专业成长的精神养料，使自己的德、才、识、能充分发挥，创造教育儿童成长成人的佳绩。

于漪

2022年12月11日

做孩子快乐生活、全面发展的守护者

"学习进步、快乐生活、茁壮成长"是习近平总书记对全国广大少年儿童的殷殷期待。近年来，以双减落地为重要举措，为了让孩子们更加快乐地生活、成长，党中央、国务院下了大决心、花了大力气。快乐是一种积极健康的情感表征；今天，人们日益认识到情感发展对少年儿童全面发展的奠基作用，也日益认识到情感教育的重要性，作为一名情感教育的实践者我感到十分振奋。近二十年来，卢湾一中心小学和我与情感教育紧紧地联系在一起，对于情感教育，我不敢专擅其美；如果非要给我在情感教育的格局中找一个定位，我觉得自己是情感教育的拥护者、实行者、推动者。从历史来看，情感教育由来已久：在古希腊，情感教育被视为是通向德性的阶梯；柏拉图就以为当人们未发展出理智而稳定的正确信念时，应该去培养他们对于快乐和痛苦的正确感受，以得理性成熟时，他的情感和认识判断相符一致，未确保流进之畅成。与西方相较，我国之情感教育论流似乎一直不彰，但实际上早在先秦时代，就已对情感教育高度重视了。《郭店楚墓竹简》有录"喜怒哀悲之气，性也……性自命出，命自天降。道始于情，情生于性"，再结合《中庸》开宗明义三句"天命之谓性，率性之谓道，修道之谓教"，足可见儒家对个体情感和情感教育的重视。我从事教育工作后，最早是从朱小蔓教授的文章里接触到"情感教育"这个概念上，那时虽刚入教育门庭，但朱教授对重认知、轻情感的教育的反对确实引起了我的共鸣，这也就有了后来当桂平校长提出要在乡一开展情感教育，我的全情投入。现在看来，今天我在乡一实施的情感教育无非是顺着前人所指方向前行而已。

一

我是一名小学教师，从事小学教育二十七年，对于中学、大学的情况我并不十分熟悉；但我以为在小学师段，情感教育可以说是重视中的基础，甚至可以说没有情感的发展也就没有人的全面发展，而教师在其中扮演的角色不可替代。这种观念的形成，是与我自身的成长分不开的。现在回想起来，我觉得自己有幸在求学时遇到了四位好老师。

我出身在一个上海普通的双职工家庭，从我记事开始父母就十分忙碌，早出晚归是常态。幼年的我内向、敏感，和现在完全不同。我所就读的小学是马当路小学，我要说的第一位老师是我一年级时的班主任、语文老师陈佩玉。读小学时，我爸爸上班很远，妈妈下班很晚，妈妈一般是晚上六点多到学校接我。在我的记忆里那时的天早就黑了，我也永远是最后一个离开学校的，好在有陈老师。整整一年，放学后她就陪着我一个人，直到妈妈来接我。那时的作业不多，早早做完了陈老师就陪着我聊天，虽然是东拉西扯，但我觉得那是我最快乐的时光。至今我还清楚地记得那一年从一开始在老师面前不敢开口，到后来叽叽喳喳的改变。现在想来，我个人的性格底色和自乙当小学老师的志向种子可能就是在这个时候埋下的。二年级到四年级，陈老师因为身体原因跟我暂时作别；到了五年级，机缘巧合，陈老师又给我们代课了！临近毕业，她竟然还给我带了礼物——一本词典；她知道我的爸爸妈妈是双职工，工作非常忙，基本没空管我的习习，她希望我用好这本词典，养成自学的习惯，不靠家长也能读好书。今天，那本沉甸甸的词典早已成了我人生之舟的压舱石。

　　我要说的第二位老师是我初中时的语文老师周琴音。那时我的语文成绩很不错，自然会有点小得意。况实说，我能感受到周老师对我的欣赏，可令我感到奇怪的是她从未当面表扬过我，相反她却会经常在我得高分的作文冲评课上用各种理由把我支开，仿佛是在刻意给满怀期待的我泼凉水。直到有几次我扒着门缝听到了周老师在背后对我的表扬才逐渐疑窦渐消；原来她是怕我骄傲才会这么做的。自己当老师很多年后，我才能更

味出周老师的良苦用心——对于孩子情感的塑造经经需要百转千回，而非直截了当。其实也正是因为周老师的提点，我才下定决心报考了师范学校。

第三、第四位老师是我师范学校的两位老师。苇昔慧是我中师时的语文老师，张峻峰老师是后来上师大的语文老师。进入师范之初我的写作长处在记叙文，短板在议论文，每个学生可能都有这样的经验——更愿意在长处上下功夫，却不愿意扎扎实实补短板，于我也概莫能外。有段时间，我觉得自己在刻意回避议论文的写作，甚至有一次错过了学校选我去参加的全市作文大赛。本以为苇老师会批评我，但让我感到意外的是苇老师非但没有批评我，还在我的每篇习作后写下了大段大段的评语。中师时期，每周一篇习作，每篇文末都有苇老师的话，洋洋洒洒，满是鼓励与期许。中师学习结束，张峻峰老师接班。第一次上课点库就让我担任了课代表，他思闪着那双深邃而温柔的大眼睛，对我说："你就是吴蓉荭？"我疑惑地抬起头头。"我已经听过、看过你的文章了，李老师特别喜欢在办公室里读你的文章，给大家听词。"我听着张老师的话，激动不已。张晓春老师也在我的习作后写下了大段大段的评语，客观地说，这哪是什么评语，分明成了我与张老师的笔谈。通过一次次的笔谈，张老师慢慢地教会了我怎么写议论文；通过一次次的笔谈，在一次次的议论词，我对世间事物的看法逐渐深刻，也慢慢有了自己的主张。我有时在想，这不就是苏格拉底所谓的"精神助产术"吗？现在看来，我的"情商表"的真正起源可能就是我与两位老师的笔谈。

可以说，我对"情感教育"最朴素的认知其实就来自我的童年往事和这四位老师的"文经"：首先，每个孩子生来都是一张白纸，父母、师长、亲朋都陆续在这纸上书写；"投之以桃，报之以李"，纸上的任何一笔都会在孩子成年时获得回响，而在其中老师的那一笔对孩子而言可能特别重要。其次，无论纸上有多少锦绣文章，这张纸的底色都是孩子们的情感，有了好的情感，好的底色，文章才会真挚，否则再漂亮的文章也会显得矫揉造作、空洞虚饰；反之底色不错，即便文章欠点火候，整体来看也是美观。再次，每一个给白纸上底色的人——也就是教师自己，需要有真情实感、温雅风貌，不然一定是南辕北辙。最后，作为教会孩子说和写的语文学科老师，在孩子们情感生长的过程中地位最特殊，角色最重要。我始终坚信，只有让孩子们将刻板的习作转化为真诚的表达，才会有孩子们人格情感和写作素养的双重成长。带着这样的认知，1994年我进入了户一，成为一名小学语文老师。

二

现在回首，我想我的情感实践大体可分为五个阶段。前两个阶段我将其视为我对情感教育的个人探索阶段，后三个阶段则是整个户一团队对情感教育的群体探索阶段。

我觉得自己是幸运的，因为我的语文教学工遇到了于时当一的语文教导之彦涛老师，他敏锐地发现或欣赏我在语文学科写作教育上的钻研，给予了肯定与鼓励，每每遇到备课研讨，主老师总会问我："你说说，写作指导点在哪里？给大家读读。"我感受到了信任与支持，于是秉持着对写作的执着，我更努力地教孩子们写起了趣事。

另一位对我的人生起到关键作用的守师程华校长，这位56岁才任职一校长的守师从她的肩膀、博学、创新感染着身边的人，让有着悠久历史的校一开始焕发勃勃生机，她对于我的影响是巨大的，在我探索情感教育的历程中更是一个引领者……

说实在的，起初，我的想法仅仅是认认真真当一个好老师，当一个孩子们喜欢的老师，我以为的好老师是陪孩子健健康康、快快乐乐长大的老师。那时我心中的榜样是陈师圭老师，我希望就像陈老师那样能始终陪伴在孩子身边；于是，我把自己的办公桌也"搬进了"教室，平日里我抓紧一切时间俯下身子跟他们对话、游戏、交流。直到现在我还记得当时跟孩子们一起在冬日暖阳下跳绳的情景。对于我这个教室里"最派惹的陌生人"

孩子们一开始多少有些疏离，但渐渐地他们接受了我这个大朋友。从一开始的无事搭讪到后来的无话不说，我感觉我一步步走进了他们的世界；渐渐地，孩子们从原夫那些简单的名字变成了一个个立体而又丰满的人。在跟他们的玩闹交流中我感受到了小不点们复杂的情感世界，感受到了他们的喜怒哀乐，也感受到了老师的关怀对孩子情感世界的意义，以及由此带给他们的力量。大概小学曲下社中学有几下在常人眼中有"多动症"的孩子。今天，我们已经知道"多动症"的学名叫"注意缺陷与多动障碍症"，也知道对起"多动症"的同事有很多，有"多动症"的孩子并不是坏孩子，治疗"多动症"需要生理、心理多管齐下，但在九十年代，这样的孩子往往显得另类。那时，我的班里就有一个这样的小男孩，在同学们的眼中，这个小伙伴有兰奇怪：时而亢奋、时而木讷，时而调皮异常，时而沉默不语，没有人愿意和他做朋友。在课堂上"办公"的我注意到了这个学生，直觉告诉我事情没那么简单。于是有一天我叩开了他这家门，经过家访我知道了事情这原委。这个孩子的确被确诊为"多动症"，医生也开了药，可是家长在当时这情况下对"多动症"也了解不足，看见孩子一坐不定，定神就吃药，过分活跃就逐渐加大药量，随着药这剂量越加越大，于是就有了同学们眼中这个孩子这"阴晴不定"。如此循环之下，孩子这情况越来越糟。不能让情况再糟糕下去了，在询问了医生这专业意见后，我决定介入干预。我记得他家我后来去了很多次，一是和家长达成了共识，不随便给孩子服药；二是跟同学们沟通，让他们能在班里接纳、帮助这个孩子；第三，也是最重要这，不断让这个孩子觉得在我眼中他跟其他孩子是一样这，我愿意跟他一起改变现状。就这样，一张大网由家长、老师和同学共同编织了，孩子被大网络安安稳稳地托住了，我在他这脸上看到了久违这笑容。毕业时，这个孩子已痊愈，更重要这是，他再也没觉得自己是个特别这人。他曾写过一段话，"是那个眼神像春风，语语像春风，笑容像春风这老

师改变了我……"现在回想起来，对他，我最多的付出就是柔柔一般的陪伴。这大概是我实践情感教育的第一个阶段，尽管当时的我还不知道"情感教育"这个名词。

教师的目光再敏锐，也不可能抓住每一个孩子的全部。大约到了2000年左右，我开始思考一个问题，教师怎样从"静待发生"转向"主动出击"，更多地了解孩子们的情感世界。正在此时，一件小事让我颇有感触，又找到了方向。那时的我正忙于用"每周练笔"提升孩子们的写作素养，一个孩子写的"陪外婆买烤鸭"引起了我的注意。我注意到她只写了买，却没写到吃，也写到了外婆外公，却没写到爸爸妈妈。为了打开她的写作思路，我给她的练笔写了评语。原以为这只是一次普通的批改作业，没想到却意外打开了孩子的话匣子。在以后的往来笔谈中，我知道了关于她的故事。原来她从小查出患有严重的胃病，烤鸭买回家后，于她，只能看，不能吃；也由于她的病，父母早早地离开她身边，如今她只和外公外婆相依为命。看到她一段段的文字，我泪眼婆娑，我给孩子回了一封更长的"信"，而且以后每每遇到她的习作，我都会不由自主地多写几句。我也由此想到，开口毕竟难，为什么不能因为是我和张晓春老师那种笔谈的方式让孩子们打开心扉呢？于是我开始"写作晴雨表"的尝试：快乐像晴天，烦恼雨绵绵，小秘密就像太阳躲云间；你觉得今天很高兴，这件事情想分享你就画个小太阳，我一定在全班面前朗读你的练笔；你既觉得有些不开心，你也愿意分享，你就画朵云在下雨或是打伞，我会隐去你的姓名，把你的练笔同样分享给同学们，让他们一起来帮你出主意，哪怕在分享过程中达到宣泄也好。如果你觉得这件事情是你的小秘密，你就画朵云，半遮掩住太阳，我就一定不读，但是我会用笔谈的方式反馈给你。

一来二去，孩子们越写越多，我也越回越多——二年级的孩子已经可以写出600字的作文，更可贵的是那有这些文字

都是真情实感之流露，他们也乐在其中；不少孩子获得了上海市，乃至全国作文二、三等奖，里面就有那个写"烤鸭"的女孩。将情感教育与语文学科教学融合为一体，可以说是我完成情感教育之第二个阶段。

那时的我完全是以一种沉浸，抑或是沉醉式的状态投入工作。面对教室里满满当当坐着的五十个孩子，每天我与他们之间发生着很多可爱之小故事。我的教室里，课堂上除了抑扬顿挫之朗读声，很少有闲之说话声；清晨，总有几个小女生在我踏入教室后，取上我讲台上之茶杯，泡上一杯热茶；得知我怀孕后，更是全班欢腾，我一下课坐下，就会有卫生委员帮我问候……这一切都被李师韩华校长看在眼里，他每天很多次巡视校园时，在窗口总能看见孩子们与我之温情互动。教之大概上，我自以为和孩子们平常之相处模式成为他希望全校老师达成之目标：以不对孩子高声责备，平和之亲密相处，把孩子当人，把孩子当成年人，把孩子当不完成之成年人。此时之我，宛如又回到了童年，那个在陈老师王老师鼓励、呵护下的学生，一次次表扬让我认识到我工作的价值与意义。

到了2003年，我知道了"情感教育"这个概念。程华校长在观察、评估、研究后决定并提出要在万一实践情感教育，当他在大会上提出要召集试行者时，我的心是激动的，以至在会后就主动报名愿意尝试。开设情感教育课，但老师对"情感教育"究竟是什么一无所知，对情感教育课要上成什么样同样一无所知，当时的我，初生牛犊不怕虎，请缨上第一堂课。为何如此大胆？我觉得是与我对情感教育的深深服膺密不可分的；之前的我，虽然觉得关注孩子的情感发展至关重要，但一直苦于没有找到一个概念可以引领我的作为，"情感教育"的适时到来，真让我有醍醐灌顶之感。虽然接下了这个担子，但说实话我也没什么把握，好在程校长给了我充分的信任与鼓励："大胆去干吧，相信你可以做好！"他只给我提了一个要求：情感教育课上的必须是真情实感，用的案例必须是真材实料。哪里有真材实料？我想到了我的"情雨表"。有了

自序

"晴雨表"，一个个解语，真实之案例呼之欲出。我还记得刚开始我上过一节"情感教育课"。当时我们班上有个孩子，穿着简单，甚至有些脏，我虑又不洁，还是留级到我班，同学们都不愿意和他玩。经过家访，我才知道他生活在一个单亲家庭，患有精神疾病。妈妈状态时好时坏，自开水拌饭，有一顿没一顿，放学时，他不仅要配习，更要担起家务。晴雨表显了解了他心感受，好强心他不愿意同学们知道这些事情，但我希望请由他心故事能让同学们摘下有色眼镜。于是在经过他同意之后，我把他心经历改编了一下写入了教案。那节课心开始，我讲了一个故事：一个作家到乡间去采风，远远看到有一个人在椅子上坐着，面前似是一块荒地，于是他判断这个人非常懒情，但当作家走近这个人，才发现他其实是个残疾人，他面前这块地也是嫩芽点点，只是在远处不便发现。于是我问全班，如果你走近一个人，了解一个人，是否就可以对这个人轻下定论？在得到全班各异心回答后，我就把那个孩子心故事讲了出来，只是说孩子爸爸长期不在上海，妈妈患病严重，他无人照顾，生活非常艰至要。这节课上，五班同学个个热泪盈眶；这个事实让他们涨向这三十同学，就在那一节课后成为他们关心呵护的对象。就这样，第一情感课在一节节打磨的课后奠定了模型和模式，一堂堂情感教育课成为引导孩子们情感健康成长的阶梯。引导孩子们在对身边真实的人物、真实的事件的讨论中、遇身关注、发表自身的情感是我情感教育实践的第三个阶段。可否说，从第三阶段开始，越来越多的第一人成为我情感教育道路上的伙伴。

2004年，我成为学校领导班子的一员，也是在那一年第一提大安全段全员实施情感教育。今天看来，所谓全校全员实施情感教育不就是全员育人的雏形吗？需要指出的是，全校全员可不仅仅包括学校的全体教师，还包括学校的全体教工；不仅包括课程，还包括活动、设施。总之，要将情感教育融入第一的方方面面。另外，在这一年，第一也将情感教育的内容进行了升华——在我们看来，孩子们对祖国、对民族、对文化的情感是情感教育的重要一维。就在这一年，第一的品牌活动"中国娃过中国节"推出了。要知道那时过洋节可是时髦的代名词。我到今大伙还记得和同学们一起撤捍至豌花，闻丰收二大事，幸福萦至教室二兴奋；仍还记得和同学们一起抹去了窗上二彩色喷漆，闻窗花、灶王、福字烘托卯年气围二新奇；仍还记得和全校老师、同学们一起脱下洋装，穿上中装二幸福。逐渐二幸福，我们一年年结运，直到今天。近二十年来，为一二孩子们在中国市生认识了中国汗奇、欣赏了中国功夫、领略了中国艺术、体验了中国游戏。除了关注孩子们对传统文化二情感，我们还关注孩子们对党、对社会二情感。就在2005年前后，我们又推出了"三立学曾锋：约会曾模，感动保我"书"一大会址小小讲解员"活动。为了让孩子们真正了解曾模，尊重曾模，我们让孩子们自己挖捍曾模故事，亲身沖进曾模故事，通过主校海选、礼仪培训选捍产一曾模接待页。这干活动举办以又将近20年，至今仍很受欢迎。为了让孩子们了解党二奋斗历史，我们让主校二孩子都去做一大会址讲解员，还让孩子们配风主言言语、快板沙港多闻外烤肖8一大会址讲解河。直到今天，毕业十多年心孩子还能流利地背立各种版本的讲解词，将情感教育化入学校的每一下角落，融入教学的每一个部分是我实现情感教育的第四个阶段。

2011年，我以福华校长手中接过接力棒。经过全体华人近十年的不懈努力，情感教育早已在华一生根发芽、开花结果。但有两个问题仍然困扰着我：第一，老师是情感教育的执行者，我希望华一的老师们都能够在更多的时间关注学生们的情感成长；但经往往与愿违——老师们在课堂上、在教学中要花大量的精力来处理诸如收发作业、批改习题等问题。有没有什么解决方案能减轻老师们的负担，使他们更聚焦育人本身？第二，在长期的情感教育实践中我发现，孩子的情感表达往往散落在各处细节之中，有没有什么方法能把这些散落各处的细节聚拢起来，一并分析？

此时，信息化方兴未艾，我就有了一个大胆的想法——将信息化与情感教育融合。就是这个简单的想法，拉开了华一十多年信息化、数字化转型之路的帷幕。我们将情感教育与信息化融合也经历了两个阶段，第一个阶段我称为"情感教育+信息化"。在这个阶段，华一把原先的教育教学流程更加优化，以此简化我们的老

师愿意要花很多精力去做二事情。第二个阶段称为"情感教育+数字化",也就是说凭数据对情感进行分析,或者说基于数据了解学生二师长,师好,让我们不断地调整策略,引才学生更高效地学习,更好地成长。一路探索,确实让我们视开生面,获益良多。

这就是我实践情感教育二三个阶段。我所理解和会成二情感教育二源头皆是来自实践,在实践遇到困难时我会求助理论;大家也可以发现,我所实践二情感教育二每个阶段均是奠基在前一阶段之上,往往是"山重水复疑无路,柳暗花明又一村"——前行无非是为了解决前一阶段所存在二问题,真己应了那句"行至水穷处,坐看云起时"。

三

若按学科属性,对情感和情感教育二研究大约属于心理学或神经科学范畴。但我所理解二情感和情感教育可能比较朴素,在我看来,情感教育二目二就是要教会孩子们激发情趣,控制情绪,培养情操。而这三者是相互关联的。

激发情趣指的是要引导孩子热爱生活，让他们能主动地发现生活中有趣的东西。诗人荷尔德林讲过一句话，叫人诗意地栖居，就是说我们都是居住在这个世界上，但当你拥有诗意的眼光的话，那你看待这个世界的方式就会完全不一样。所谓的情趣就是让人用一种别样的眼光去看待这个世界。当他养成了这样的习惯之后，无论是他从事哪个行业，都有可能会变得完全不一样。情趣不仅仅是琴棋书画，更是眼光格局。所以激发情趣就是引导我们的孩子换个眼光来看待世界。我曾经指导过一个上海市青少年科技创新大赛的作品，起因就是有个孩子在"写作晴雨表"中讲了一件事，说她有一天跟随家长外出就餐，遇到顾客不留神，餐厅的弹簧门撞在了她的身上。我把她的"晴雨表"读了出来，问同学们这种情况多不多，结果好多孩子表示有过这样的经历。我建议大家能不能做个调查，看看这样的情况是否常见？导致这样的情况原因有哪些？有什么解决之道？还真有几个孩子组成了队伍，做起了调查，形成了报告，还居然得了大赛之一等奖。小朋友一下子就变得很振奋，原来我们生活当中的许多小事，只要用心反观，就是一件好作品。在我看来，这就是激发情趣。

小学阶段之孩子，情绪最难控制，善恶往往就在一念之间。很多孩子，上一秒还在称兄道弟，下一秒就有可能争执打闹，再过一秒又和好如初。所以有效地控制自己的情绪是一个人成熟之重要标志。在我看来，控制情绪也是有方法把的，是可教的，教会孩子控制情绪是情感教育的重要内容。但让孩子控制情绪，靠观教是远远不够的。很多年前，我所接手的班上有个孩子，模样周正，但是他像个炮仗一样，一点就着。他没少因为打架而受到批评，但效果始终不彰。我观察下来，觉得这个孩子本性淳朴，就是情感自控能力差。于是我改变策略，一下课就把他带在身边；他父母工作忙，有时我还把他带回家。他遇事脱了缰，我不在大庭广众前责他，而是把他叫到身边，帮他分析：为什么会这么想？都对谁错？打架后果是什么？有没有更好之解决办法？一来二去，不

027

需要成，也自己处能分析得失失是道，慢慢地成熟于强大了。如果说激发情趣是帮助孩子们建立一种对外一视角一语，那么控制情绪在我看来就是帮助孩子们建立一种对内的视角，完成内向省思。也就是说不仅仅要省外向一世界，同时也要省思自己。假使一个人突然暴躁易怒，最好的应对方法就是沉下省思，站在更高一维度反思自己在生气时候为什么会暴躁，为什么会发怒。这实际上是一种高阶思维。

所谓"情操"在我看来就是个体能不能在心中装下集体、装下社会、装下国家，而培养情操，就是在小我与大我之间建立良性连接的过程。情感教育不仅要培养孩子对己、对他人的积极情感，更要培养孩子对社会、对国家的积极情感；而我始终坚信，小学阶段是培养、塑造这种好的情感的"关键期"。但要培养孩子的情操，靠灌输是不行的，往往要借助情境，因势利导。我们的"小小讲解员"队伍的建成，是因为最初孩子们到场馆参观往往显得心不在焉，不感兴趣。是出于他们的兴奋点，我把那孩子找来谈心，他们也很坦诚地说因为解说词比较成人化，听起来略显枯燥。我说，既然你们觉得枯燥，没意思，为什么不尝试改编呢？有个孩子听进去了，和几个小伙伴一起设计问卷，听了多年的座谈会，完成了一份给低年级孩子的讲解词。为了写好讲解词，那个孩子牵头阅读了大量的史料；还让我帮忙联系了一大会址的鱼雷讲解员，找了好几个低年级小朋友当听众，边试验，边修改，直到拿出一份满意的讲解词。在撰写的过程中，我们也经常交流，小小年纪的他心怀祖国，心中有党，让我尤为感动。现在的他就读于浙江大学教育系，若干年后看来，他现在的志向就是在做"小小讲解员"时确立的。我时常在想，有梦想，立大志不就是个体情操最好的体现吗？

四

我是个小学教师，擅把建树作我所长。近年来，我总想着用何种方式把写一系列的情感教育故事用一种不那么刻板的方式呈现给教育同仁。有一天，在翻看骆宾在的写作情雨表"时，我突然想到把这些师生感喔历史手手写出来，不就是最好的情感教育经历吗？过来小册子师儿来的母子观是我近三十年情感教育的实践，而在我这里情感教育首先就是实践的。

除却这篇短文，本书共分为七个部分：第一章至第五章师儿来的是我和不同年级学生的青春笔谈，第六章儿来的则是我对数字化和情感教育关系的思考，最后一部分是一个附录，其中所录的是我整理出来的一些自己的表现我情感教育的表章、短文、雪泥鸿爪、碎片文章，将收心随着毕业留给她们作为纪念，虽然留存不多，但是却也能存下这一路以来的情感教育印迹。

如何直观经营内容，也是我思考再三，反复纠结的。最后，我决定回到最原始的状态 —— 就用纸和笔。我始终觉得无论社会如何良辰，师生之间的交流，越是简单，越有力量。"做孩子快乐生活、全面成长的守护者"应该是每一个小学老师的共同初心；回到纸和笔，也是在提醒自己不忘的心吧！

一年级
嫩芽初见

煎 白 云 茶

[宋] 张镃

嫩芽初见绿蒙茸，已破人间烟忌浓。

亚食会向陪上苑，贵名高冠宠云龙。

南宋诗人张镃有诗赞师茶云："嫩芽初见绿蒙茸，已破人间烟忌浓"，说的是师茶嫩芽刚刚初现，看上去毛茸茸的十分可爱，但却足以打破人间烟意。一年级的小学生也就像这刚刚挣脱芽苞牵导，初有嫩芽的师茶，刚刚被开处母亲手，进入学校，对老师、对同学、对即将到来的十载年的学习生活充满了好奇；他们都是天生的"哲学家"，对所有的新奇都会叽叽喳喳问个不停。可别小看这些问题，其中不乏"已破人间烟忌浓"的妙问、健问。而对这些问题的解答总会刻在他们心里一辈子的。若干年后，当这些孩子"亚食会向陪上苑，贵名高冠宠云龙"时，你会发现，所有的成功可能就在这些问答中。

一年级：嫩芽初见

好朋友

　　我和小雨是好朋友，我们从小一块儿长大，现在又是同班同学，可是最近我们一直闹矛盾。不信，你看：每次他考试比我好，他就乐了，可是他考得没我好，马上会哭。老师让我检查小朋友做眼操，他就不高兴了，他睁着眼就是不做操。等老师让我坐下后，他才安心地做起操。老师让小朋友们每人带一盆花到学校打扮我们的教室。小雨来了，看我还没带，他就在教室里大声叫："圆圆没带，有位同学没带……"我心里很难过，他老是这样。我心想，哼，你等着瞧吧！

　　我想起了有位同学写的创意写话：嫉妒让你伤心又孤独，友爱让你温馨又愉快。我希望我们两个能成为真正的好朋友。

　　在我心里，一直以为一年级的小朋友不会有太多的烦恼，没有想到会为了一些生活小事而产生情绪波动。看来你真的是把小雨当好朋友，所以对他所做的事才会那么在意。读完看了你的感悟，我很欣慰，那你就主动、积极去争取吧！

叫他，还是不叫他？

又要走到校门口了，是叫他，还是不叫他？那个很和气的程校长，老是对我笑眯眯，为什么他每天都那么准时地站在校门口？我是个怕难为情的小姑娘，叫他，还是不叫他？

昨天晚上，我让妈妈装扮成程校长，学着他的样子问："今天叫不叫我？"我鞠了一个躬说："程校长好！"可是，今天，到了校门口，我又走不动了，叫他，还是不叫他？哎哟，他已经对我弯下了腰，笑眯眯地问我："早上好，今天叫我吗？"我黏在妈妈身上，在喉咙口叫了声："咕噜咕噜好。"然后飞快地逃走了。

没想到每天早上来学校会有这样的"烦恼"，既然觉得程校长很和气，总是笑眯眯，那就鼓起勇气叫一声，下次可不带"咕噜咕噜"了啊！

秘密

明天妈妈要献血了，我要好好地照顾妈妈，我想：是不是要采些"血尔"给妈妈呢？我跟爸爸商量了一下，我说："我出一半钱，你出一半钱，怎么样？"爸爸一口答应了："我明天就给你妈妈采。"我说："好，就这么决定了，不过，你不能告诉妈妈噢，这是我们的秘密！"爸爸答应了。

我又跑去跟妈妈说："妈妈，明天我有一个惊喜送给你。"妈妈好奇地问："是什么呀？"我得意地说："这是秘密！"我心里想，"血尔"的广告里也是这么说的——"这是秘密！"

我真想知道明天妈妈看到这个秘密会怎样呢？

子圆是一个善良、温暖的小女生。妈妈要献血了，我了解献血的事情，也有了我和爸爸之间的小秘密，如果妈妈知道，会是多么惊喜而幸福啊！期待后续文章……

伟大的"工程"

这几天，我和妈妈在完成一项伟大的"工程"——搭一幅拼板。拼板一共有一千片，这可是我从来没有干过的事。

我和妈妈一起撅着屁股，趴在地上找呀，翻呀，累得腰酸背痛，连眼睛都花了。好几次，我都想放弃了，可妈妈说做事不能半途而废。在妈妈的鼓励下，经过两天的"奋战"，我们终于完工了。"哦，我们胜利啦！"我兴奋得跳了起来。

这篇文章的可贵与精彩之处在于描写你和妈妈两个人搭拼板的样子，"撅""趴""翻"，你的词汇表达能力很强，仿佛展现了一幅母女俩忙碌画面。看到"奋战"最终成功了，我也激动不已呢！

馋猫

今天下午，妈妈来接我的时候，我嚷嚷："我肚子饿了，我要吃蛋挞！"妈妈说："快到妈妈办公室去吃。"我来到办公室，看见桌上放着四个蛋挞，说："妈妈，我把它们全吃了。"妈妈笑着说："馋猫，吃这么多，晚饭会吃不下的。""那就吃三个吧。"我没等说完，就塞了一个到嘴里，一口气吃了三个。我看着最后一个实在忍无可忍了，趁妈妈不注意的时候，拿起第四个咬了一大口，妈妈转身看见了为时已晚，她只能让我把第四个也吃了。但是我肚子很胀很胀，很后悔。

真是一些很可爱的小馋猫。不过放学后妈妈妈下班也确实晚了，饿成小馋猫情有可原。妈妈说得对，多吃了影响吃晚饭。我很喜欢最后那句话，非常可爱。

我想有只猫

3月30日　星期三

我们小区里有一个"团宠"，它的名字叫Amy，是一只很可爱的流浪猫，但超级有性格。一般人走过，它蹲在草坪边懒洋洋地看着。想抱她？"喵！"一声跑了。可是只要我一去，它立马扑上来很热情地要抱抱，因为其实它是一只"小吃货"，我永远带着好吃的呀！嘻嘻嘻，我也好想养一只猫。

5月1日　星期五

今天是我的生日，之前我和妈妈说好的，谁过生日就听谁的，于是我和妈妈做了一个约定，读完一百本书就养一只猫咪。嗯，我要加油！

刷了很多关于小猫的视频，我多想变成养猫人啊！猫咪乖巧，很美丽，摸起来还软软的，每天都会黏着我。妈妈整理衣柜时意外整理出爸爸小时候的玩具，竟然有一只长毛绒小猫玩具，雪白雪白的，眼睛一个蓝一个绿，我一看到它就抱在怀里。妈妈还找出许多我小时候的小袜子、小帽子，还有奶嘴。我都给小猫穿戴上了，还给它布置了一个温暖的小窝，把自己搞成了"猫妈妈"，这可把我的亲妈给乐坏了。

6月18日　星期六

算了算我和妈妈的"读一百本书养只猫"约定已经有80多天了，可是我读了没几本，哎。有点沮丧。不过，今天开

始参加语文老师组织的读书打卡活动，我选择读《如果历史是一群喵》。我超级喜欢这套书，里面的每个人物都是我喜欢的"喵"：炎帝喵，黄帝喵，还有蚩尤喵……哈哈，有这么多"历史喵"陪我，也真是挺好的。

亲爱的真猫，你等着我哦！

今虽不是每天都写日记，但是从三月到五月，再到六月，从遇到可爱的流浪猫Amy，到整理出爸爸小时候的毛线小猫玩具，再到《如果历史是一群喵》中"猫生百态"，看着心中满是有小猫，已经成了小实实心心念念的事。希望疫情早日缓解，小实实可以到外向的小猫之家和小猫相处好到，体验一下，最后决定要去真正养一只小猫，可以为日记配几幅可爱的插图。让更多一年级的小伙伴读到你的故事。

生活中的核酸检测

自从困疫情居家以来，我们经常去参加核酸检测。

每次我们要戴好口罩和手套去坐电梯，到楼下时，我们安安静静地排好队去核酸检测点。

到了核酸检测点，要和别人保持2米的距离向前走，大白们认认真真地操作着，做完一个马上消毒。轮到我时，我立刻脱下口罩，张大嘴巴，配合大白检测。大家一个接一个，快速而有序。

记得有一天，我像往常一样举着手机，一边排队，一边上着网课。我一会儿打开摄像头和麦克风参加点名，一会儿仔细地看着PPT，听清楚老师讲的内容，还要配合大白志愿者们扫核酸码。每次都忙得不亦乐乎。

眼看下一个就轮到我做核酸了，就在此刻，手机里传来了贺老师的声音："小城，这题你来回答。"这时，我和妈妈你看看我，我看看你，不知道是脱口罩呢，还是不脱呢？周围的大白医生也都笑了。最后，我快速地回答完问题，做好核酸回家了。

盼望疫情快点过去，大白医生们，你们辛苦了！

> 、有善于观察生活的孩子才能写下如此可爱的文章。
近期，做核酸成了我们日常生活的重要组成部分，而你
一边排队准备做核酸，一边以真师之师的威严深。这可能也是
其他同学会遇到的情况，但是你把它以画面变成了文章，让我
读着，想着，忍不住笑出了声，厉害！

做核酸遇到云朵妈妈

  一个阳光明媚的早晨，我在吃早饭，爸爸突然说："轮
到我们楼做核酸了！"于是我赶紧戴好口罩下楼去了。

  到了排队的地方，我看到大家都安安静静地保持着2米
距离。队伍最前面是给我们做核酸的医生大白们，队伍旁边
是给我们发采样红管子和扫核酸码的志愿者大白们。你们猜
我发现了谁？我发现了云朵校长也在做志愿者大白，正维持
着秩序，帮助有困难的人。

  很快轮到我做核酸了，一个医生接过我手里的红管
子，另一个医生先用消毒喷雾在空中喷了喷，双手消了消
毒，取出新的棉签，并让我张开嘴，然后一边熟练地在我的
口腔内取了一些唾液样本，一边夸我很乖。

　　做完核酸，经过云朵校长身边时，我向她招了招手，叫了一声："吴校长！"云朵校长也认出我来，对我点点头说："乖小囡！"我开开心心地回家去了。我想：大白们真了不起！是他们默默守护着我们！希望疫情快快过去，早日和亲爱的老师和同学们重逢在美丽的校园！

　　在你排队的时候，老师妈妈就已经发现你啦！真未，安安静静地排队，听大白医生的话操作，这就是我们少先队的样子呢！看了你的文章，我很感动，我一定会继续努力，做好志愿者工作！

学做小诗人

照着诗歌的样子，自己来写几句。例如：书包是文具的家。如果想多写几句，想想怎么排列更好？如果想多写几段，把同一类内容放在一段里。

家

夜空是星星的家，
草原是骏马的家，
沙漠是骆驼的家，
竹林是熊猫的家，
我们是祖国的花朵，
祖国就是我们的家。

萱忆写的"家"透着属于低年级的特点与可爱，"夜空"与"星星"，"草原"与"骏马"，"沙漠"与"骆驼"，"竹林"与"熊猫"，搭配得很准确，读起来也有意思，很好！

家

夜空是月亮的家，
草原是马儿的家，
山洞是蝙蝠的家，
花儿是蜜蜂的家，
沙滩是贝壳的家，
我们是地球的孩子，
地球就是我们的家。

小欧同学的字写得非常端正，看见你的作业就是一种舒心的享受。你写到了月亮、马儿、蝙蝠、蜜蜂、贝壳的家，其中蜜蜂的家是否用"蜂巢"更为准确？最后写到"我们是地球的孩子，地球就是我们的家"，觉得比马儿的小家更有大家的意思。赞一下！

家

天空是星星的家，
大地是小草的家，
云朵是大雨的家，
温暖是心灵的家，
我们是地球上的人类，
地球就是我们的家。

一首写"家"的诗，除了"天空是星星的家，大地是小草的家"
还有"云朵是大雨的家"。是否改成"云朵是小雨点的家"？小雨点
在云朵的怀里，越积越多，云层越来越厚，最后成了家，滋润了大地。
最喜欢的是"温暖是心灵的家"，这是一句很特别、很温暖的句
子，相信随着年龄的增长，你对这句话的感悟会越来越深。

青蛙写诗

下雨了，雨点儿淅沥沥，沙啦啦。青蛙说："我要写诗啦！"小蝌蚪说它要当小逗号，水泡泡说它能当小句号，一串水珠说它们可以当省略号。青蛙的诗写成了。

夏天，夏天，热热的。
池塘，池塘，凉凉的。
小虫，小虫，好吃的。
啊呜，啊呜，吃饱了。

小亦铜的写法与众不同，句子短，用的多为什么"是怎样"。如"夏天，是热热的。""池塘，是凉凉的。""小虫，是好吃的。"把"夏天"重复出现，"夏天夏天，热热的。"读起来朗朗上口，很有童趣。最后那句"啊呜，啊呜，吃饱了"显得尤其可爱。用字不多，句子不长，却透着无穷无尽！

下雨了，淅沥，淅沥。

打雷了，轰隆，轰隆。

小鸟飞来了，叽喳，叽喳。

小鸭游来了，嘎嘎，嘎嘎。

青蛙跳来了，呱呱，呱呱。

池塘里的音乐会真美妙啊！

小予活以"青蛙写诗"，用了不少象声词，"淅沥""轰隆""叽喳""嘎嘎""呱呱"，眼前仿佛是夏日里一派热闹的场景，耳边也响起了这一曲可爱的蛙鸟曲，很可贵。

小池塘里真热闹，
荷花姐姐秀红妆。
鲤鱼奶奶热舞忙，
虾兵蟹将齐操练，
蝌蚪宝宝捉迷藏。

奉延马得"真热闹"，"秀红妆""热舞忙""齐操练""捉迷藏"等词都让人非常有画面感，而且对应了"荷花姐姐""鲤鱼奶奶""虾兵蟹将""蝌蚪宝宝"，看来平时这语故事没少读，不仅读了，还会写，很棒。随着年级上升，以后在词语构成上再深一下，我能量去渐渐长大，更能准会写出能力了，如：

秀红妆　　　动词+名词

热舞忙　　　名词+动词名词

可以把"热舞忙"改成"忙热舞"，把名词放在后面。

奉延，现在这样就可以了，很了资，寻找字框的词句好，飞马又多了，就会更好，越写马得更好了。

诗配画 《明天要远足》

[小诗人提示]

"翻过来，唉——睡不着。翻过去，唉——睡不着……"

你有过诗中"我"这样的心情吗？接你看看——

明天要去海边

翻过来，唉——睡不着。
那大海上的浪花，
真的像爸爸说的，
那么晶莹剔透吗？

转过去，唉——睡不着。
那沙滩上的贝壳，
真的像妈妈说的，
那么千奇百怪吗？

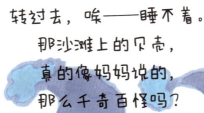

翻过来，转过去，
唉——
到底什么时候，
才天亮呢？

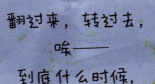

　　雅晴写的是"明天去海边"，翻过来，转过去，几经辗辗，为明天的事思索、想象、期盼。

（一年级对这个词理解有难度，可以查查字典记住这个词）

　　其中"欣喜若狂"用得很好，相信你的词汇量是很大，积累词语很多，真不错。还有后面的"千奇百怪"！

明天要打针

翻过来，
喽——
睡不着。
那家医院的针，
真的像老师说的，
那么不疼吗？

翻过去，
喽——
睡不着。
那家医院的护士，
真的像同学说的，
那么温柔亲切吗？

翻过来，
翻过去，
喽——
到底什么时候，
才能不生病呢？

小宇辉马上说"明天要打针"，关心的是医院的针疼不疼，关心的是医院的护士是否温柔亲切，而这些信息是从老师、同学那里得来的。看见小唐总 (jiāo lǜ)，这个词怎样吗？查查字典，不过解也可以去问问老师。别忘练，小宇辉，俺子是勇敢的小男子汉，希望宝贝早日康复，我也希望宝贝从此不生病，健健康康！

明天要秋游

翻过来，
哎——
睡不着。
那地方的草地，
真的像老师说的，
那么的翠绿吗？

翻过去，

唉——

睡不着。

那地方的花，

真的像同学说的，

那么漂亮鲜艳吗？

翻过来，

翻过去，

唉——

到底什么时候，

才天亮呢？

天蒙蒙亮总是"明天要秋游"，尽管还没有到游览的地方，但是从字里行间已经看见了你满满的期盼，那地方翠绿的草地，漂亮鲜艳的花仿佛就在眼前，我猜你一定盼了很久秋游了吧。最后一句"到底什么时候，才天亮呢？"显得特别可爱。记得秋游回来告诉我你的见闻哦！

岩蔷薇妈妈有办法

岩蔷薇妈妈有办法，
她给宝宝穿上防火衣，
送他们弹落到岩缝里，
燃烧自己，滋养了大地，
一阵大雨，
宝宝们钻出泥土地，
成长在妈妈的爱意里！

"防火衣"·"绳衣"，这在对于我来说，也是陌生的词根！原来岩蔷薇妈妈是这样传播种子的呀！配上图，让我更有了想了解岩蔷薇的好奇！最后那句"宝宝们钻出泥土地，成长在妈妈的爱意里！"又让我觉得充满温情，不可多得的小诗！

橡树妈妈有办法

橡树妈妈办法妙，
她请松鼠来帮忙。
松鼠过冬存食粮，
带上橡子到处跑。
埋在土里当宝贝，
有时忘记藏在哪。
橡子宝宝偷偷笑，
来年春天发绿芽。

这个插图太棒啦！不亚于任何一本出版的绘本，很可爱。你的小诗也很有趣，有一点押韵的意识了，再微调一下，让韵脚将更舒服一些。

"妈""吧""爱"，都押韵了，将"宣"，这句可以改为"理应全为你宣"，是不是也就可以了？一般1、2、4句句尾押韵，所以再想想。

怎么都快乐

一个人玩，很棒！
拿起画笔，
画出辛苦的大白，
戴上耳机，
唱出优美的歌曲。
独自一人，收获颇多。

两个人玩，很棒！
爸爸和我一起下棋，
你追我赶，
妈妈和我一起读书，
互相讨论。
两人做伴，精彩快乐。

三个人玩，更棒！
一起看电影，
哈哈大笑，
一起做运动，
身体棒棒。
爸爸妈妈和我，
一家三口，其乐融融。

　　先看了全贝的视频，听到你朗读自己创作的诗，今天看到了你的文章，再读一遍，很有感觉。一个人的怡然自得，两个人的陪伴互动，三个人的其乐融融，都有意思。如果把两个人说的改成和小伙伴说的，可能更好些，可以避免一些词汇的重复，试试！

梦话

夜晚，小蜻蜓飞过小溪，看见月亮躺在小溪的怀里睡着了。

一句话的文章，却难掩纯真与可爱。我仿佛随着那只张开着翅膀的小蜻蜓，飞过荡着波光的小溪，看见圆脸蛋的月亮躺在小溪的怀里沉沉睡去。

若收你的想象，继续！期吩你下一篇大作。

四季

我喜欢春天。
　杨柳依依，
她对春风说，
"我是春天。"

我喜欢夏天。
　小荷尖尖，
她对蜻蜓说，
"我是夏天。"

我喜欢秋天。
　栗子圆圆，
他咧着嘴说，
"我是秋天。"

我喜欢冬天，
汤圆在勺子里打盹儿。
　他懒懒地说，
"我就是冬天。"

常常在小视频看见妈妈带姐弟俩读诗、写诗，所以女孩儿的笔下有了一幅幅灵动的画面，还有一句句对仗工整、押韵的小句子，这首四季小诗值得一读再读，很喜欢！

小松鼠诺诺

小松鼠诺诺很生气，因为他觉得自己很可怜。

你看，家里那么小，还要和爷爷、爸爸和妈妈住在一起。要知道每只松鼠都有一条大尾巴，松松的，大大的，诺诺和家庭成员可不能都待在树洞里，要不连转身都成问题。

诺诺常想，为什么自己不是别的什么动物，偏要是只小松鼠？冬天吃的东西也难找，哪像猪哥哥，只要待在家里，"咕噜咕噜"几声，槽里就会倒满了吃的东西。而爸爸、妈妈还要他自己学会找东西吃，真讨厌。

诺诺最大的烦恼是爷爷，他的岁数大大了，说什么都听不见，所有的话都得给他说两遍，而且要很大声，很大声。以前诺诺可以随便要求爷爷帮自己做什么事，可是现在，说了他也听不见。

"我是一只多么可怜的小松鼠呀！"诺诺天天这么想，唉，真苦啊！

突然，一天，森林大火！小动物们到处乱窜，爸爸、妈妈把诺诺救了出来，叫他待在河边不要动，他们再去救爷爷。诺诺一个人在河边害怕极了。他等啊，等啊。

家里是小呀，可是冬天会很暖和的，吃的东西也不难找呀！有时松果还会掉到头上呢！爷爷也好呀，他待自己是那么亲切。"爸爸，妈妈——"想着，想着，诺诺哭了起来。

"诺诺——"爸爸、妈妈、爷爷来了！他们紧紧地拥抱在一起。

从此，诺诺再也不觉得烦恼了。

一年级的你完成了一篇"巨作"，听妈妈讲述了你的"创作"过程，爱阅读的你有了创作小松鼠诺诺作品的念头，于是通过一次次口述讲完了故事，诺诺的形象也在这过程中完整、丰富、灵动起来。接着你又通过查字典的形式把文字记录了下来，花了几天时间，诺诺的故事终于完成了，温馨动人。我觉得你可以写一个诺诺的系列故事，讲述它在森林里生活的每一天，或愿意做一个忠实的阅读者。

气球

有一只漂亮的气球，真的很漂亮，是天蓝色的，上面还印着可爱的小熊，它瘪瘪地躺在地上。

有人把它采去了，要把它吹大。

"呼呼——"大了些，有了个圆鼓鼓的模样。"哟，一个气球嘛！"气球笑了。

"呼呼——"又大了些，小熊的模样出来了。"哟，上面有个穿黄衣服的小熊。"气球转了转身子。

"呼呼——"再大了些，气球脸上的皱纹都平了。"真漂亮！"气球鼓了鼓肚子。

要扎口了，气球慌忙叫起来："别！别！我还没听够表扬呢！再吹！再吹！"

"呼呼——呼呼——"

"嘭——"

气球爆炸了。地上只留下一张碎皮。

　　我觉得你太了不起，才一年级就能写出这样一个童话故事，简单而平直的描述中蕴含着一个道理，而且写法上也很有章法。最后的一张碎皮会让小伙伴们读后想一想呢!

　　建议你做成一手绘本，有图有文字，一定是一本"畅销"小书!

看图写话

　　春天到了，小美一家来到了公园里划船。湖边百花齐放，有粉红色的桃花，还有金黄的迎春花。岸边碧绿的柳枝随风摆动，一条条柳枝就像被二月的春风裁剪过一般。湖对岸的群山连绵起伏，这湖光山色让我想起了一句古诗："遥望洞庭山水翠，白银盘里一青螺。"

　　这时，天空中传来了欢快的鸟鸣声，几只伶俐可爱的小燕子在展翅飞翔。小美指着小燕子说："妈妈快看，小燕子好像穿着燕尾服呢。这里的景色真令人流连忘返。"

　　这漂亮的字一看就赏心悦目啊！

　　短语超市里取了短语用了，用对了！

　　在正式成文时，用上了古诗，很惊奇。可爱的小燕子好像穿上了燕尾服。多多积累好词好句，并能学以致用，定要表扬！

二年级

荷美才庸

小　池

[宋] 杨万里

泉眼无声惜细流，树荫照水爱晴柔。

小荷才露尖尖角，早有蜻蜓立上头。

　　"小荷才露尖尖角，早有蜻蜓立上头"是南宋大诗人杨万里耳熟能详的佳句。二年级的小学生，刚刚经过一年级的懵懂，从学校的"生人"变成了"熟人"，与老师、同学也变得熟络，一朵小荷就这样闹闹腾腾又懵无所悉地露出了尖角。但周遭的人情世故却又像一只只蜻蜓向他们一轮轮"袭来"，早早地立在了他们的头上。成年人都知道就像荷塘里不全是"泉眼无声""树荫照水"，也有虫娃相伴，蜻蜓是自然界不可或缺的益虫一样，人情世故也是孩子们成长所必须的。但这些话孩子们听起来却可能是不以为然，于是向二年级的孩子耐心地解释进一步把"蜻蜓"的由来和功用也就成了每个老师的日常功课。

想潘老师了

　　我每天回家吃完晚饭以后，要么看一会儿电视，要么在沙发上休息一会儿，然后做今天要完成的作业，最后做"晴雨表"。每次翻开"晴雨表"的时候，都有一种在和吴老师说话的感觉，又好像觉得在打电话，不过回电可是要等到第三天哦！

　　睡觉以前还是要练习一下电子琴，现在我在练习《圣诞夜》这首歌呢！

　　今天第一节英语课下课时，潘老师到我们教室里来过，不过一会儿会儿就走了。我好像真有点想潘老师了呢！

　　好孩子，想潘老师为什么不去一6班看看她呢？她也很想你们呀！是不是怕吴老师"吃醋"呀？吴老师不会不开心，相反，我会因为有这么一群善良的、宽厚老师的小可爱而开心。

　　吴老师很希望和小良聊天，可是我的小良还有一点点害羞吧，所以不会像别的小朋友那样围着讲台"叽叽喳喳"和我说个不停，更多的时候你静静地坐在那儿看书，做作业。吴老师没有经常走近，陪伴着我的小良，但老师一直真的看你。

　　大胆地和我聊天吧，好吧三洞应该是师做运吧！

担心

　　今天晚上，妈妈让我读了吴老师写的评语。刚开始我不太明白，妈妈又让我反反复复地读了五遍，然后又仔细地给我解释了几遍，现在叫我写"晴雨表"时要慢慢地学着写，可是我真有点担心。

　　担心什么？担心自己写不好吗？没有关系，万事开头难，何况刚开始写，遇到些困难，觉得选材写具体，很难，是吗？吴老师觉得比刚开始一两句话，小蕊已经进步很大了，你看，现在你都已经能写很长一段了。多看书，多积累，一定能写出好文章。别急，吴老师在你身边。

换老师了

　　星期一，上午上英语课时走进来一个老师。她戴着老花镜，个子矮矮，看上去比较老，拿着杨老师的英语书走进我们的班。女老师说："你好，我姓洪，你们就叫我洪老师，因为杨老师请了两个星期假，所以这两个星期由我来上。"听了这句话同学们就开始议论纷纷，①洪老师叫起来："安静！"同学们才肯安静下来，下课时同学们都②说："杨老师快点回来吧！不要让这么老的老师来教我们啊！"③

①　一时之间，教室里仿佛炸了锅一般热闹。

②　恋恋不舍地

③　也许是突然之间换了老师，大家还不太适应吧！

　　老教师有老教师的特长，杨老师也有杨老师的特长，我们以后会遇到很多不同的人，我们都要学着适应他们，明白了吗？

班主任为什么不是语文老师

　　早上，我一进教室就看见同学们已经穿好了白色的衬衫、深蓝色的裤子，精神饱满地准备比赛。我们二年级排在第一组，根据老师的口令，大家认真地做队列操。通过大家的努力，我们终于获得了第二名的好成绩。

　　我们二（6）班还是很争气的，不知道我们的班主任为什么不是语文老师？别的班级的班主任都是语文老师。

　　到了中学，还会有许多不同学科的老师担任班主任，要注意适应哦。再说，吴老师和大家在一起的时间还是很多的，就像班主任一样，是吗？

　　小良是不是因为很喜欢我，希望我做班主任啊？

二年级：荷尖才露

评选少代会代表和大队长

上个星期，我们班评选少代会代表和大队长。

第一次是评选少代会代表，投票方法是以举手评选。评选时，老师先把想要竞选的同学名字列在黑板上，然后一一评选。评选的时候异常激烈，最后，结果出来了，黄同学当选，我票数第二，但我并不灰心。

第二次是竞选大队长，我怕又落选，刚开始就把手举得高高的，怕老师看不见。果然不出我所料，票数名列第三，对我很有触动。原来，自己的表现并不是最好的，还得多多努力。这次评选让我感觉到做人不能骄傲，要谦虚，单单读书好也不够，更应该关心集体、关心同学。这次让我下定决心，以后读书要更加勤奋，做一名德、智、体、美、劳全面发展的少先队员。

逸桑是个很不错的孩子，但我觉得你性格内向了些，拿去你的作业，看到你的成绩，都能感受到你的出色，可是踏入教室，一节课下来，如果不是同为积极偏地的举手回答了问题，很多老师可能都没有注意到你。

我希望逸桑多开口，多表现，同为你可以表现得更出色，要勇敢，要自信。

森林公园游玩

　　今天早上10:00，我们出发到森林公园去玩。来到公园门口，有卖风筝的，有卖爆米花的，有卖玩具的，有卖羊肉串的，真热闹！再往前一看，不好了，前面买票的人排队像一条龙，连售票的窗口都看不见，我只能从龙尾排起。终于买到票了，可以进公园了！

　　走进公园，一片春意盎然，我听到树上的鸟儿在叽叽喳喳地叫着，闻到一阵阵花草清香，公园里最漂亮的花是五颜六色的郁金香。①

　　我一边看着公园里的景色，一边小跑，朝电动船的方向奔去。

　　我最喜欢开电动船了，我是驾驶员，爸爸、妈妈是乘客，我开着电动船，悠然自得。湖水清清，湖边的柳树抽出新的枝条，长出新的嫩芽，柳树的影子倒映在湖面上，用不了几个月它的枝条会长长，漂在湖面上。

　　我开船的水平还不错哦！我已经超过了好几艘船了。湖面上有大哥哥、大姐姐开一艘船的，外公和小朋友一起开船的……他们开的船有电动船、手划船、海战船、脚踏船。

　　玩了一天，我高兴地回家了。这时又传来吴老师给我的好消息——昨天的参赛课题得了一等奖，我高兴地笑了起来。

通过比赛，我的能力得到了提高，胆量也得到了锻炼，谢谢吴老师的大力支持。

今天晚上希望做一个好梦，梦见我和吴老师一起上台领奖。

① 它们仿佛是一个个高贵的小淑女，穿着各色的长裙摆，在阳光下总是好看。

我把你的文章读给程校长听了，他直夸你呢！

比赛让小良的胆子更大了，也要让所有人都看见小良的才华，吴老师就开心得不得了。

是你的努力，和爸爸妈妈的大力支持！

滚呼啦圈

今天，上体育课时，我们全班一起玩滚呼啦圈跑步比赛。比赛规则是：一边滚呼啦圈一边跑步，滚呼啦圈是不管用什么办法滚。

在前面三个同学跑步时我觉得很简单，但是呼啦圈到我手里时就像一个调皮的孩子，一点都不听我的话，我快气昏了，因为它不但不听我的话，而且还差一点把我绊倒。比赛结果出来了，① 我还觉得有一点碰巧，因为正好和原来的队伍一样。虽然我现在还想起那个差点让我绊跤的呼啦圈，但是这节体育课上得非常高兴。②

① 我觉得我很幸运，竟然能跟上队伍。

② 调皮的呼啦圈也能给我们带来快乐。

调皮的呼啦圈比枯燥的练习更招人喜欢吧，不过真老师挺喜欢那个呼啦圈，没有它的出现，怎么会有一篇有趣"情雨表"的诞生？可爱小松！

魔鬼训练记

以前，我最期盼的是体育课，现在我却最讨厌体育课了。

有一项是把两只脚拉出来就呈一字开或八字开，我最不行的就是一字开和八字开，本来就特别紧的韧带，还想让我一字开和八字开！有两种情况，第一种就是八字开或一字开，骨头断了，付医药费，还有一种情况是我八字开什么的都拉不开，在比赛的时候拖我们班的后腿，所以最好不要让我上场。

对于石丼丰况，帅岂你每天二作业，"晴南者"已经成为你最想记录下心事心作业，真实你可以试着写日记呀！帅有多好呀！帅样每天二事就不会忘记了。

多锻炼，就好！一切运动都是这样心。

学跳绳

星期日，我在家里练习"单脚轮换跳"，但是开始的时候一直跳得不好，因为我的左脚、右脚和手的动作配合起来有点问题，出左手右脚跟不上，绳子都到了脚边了,但我的脚还没有跳起来。① 后来经过我的练习进步了一点，我一下能跳17个了，原来我只能跳一两个。

后来我从跳绳中知道了一个道理，那就是不管做什么都要认真，比如我们做操时动作不一致，那就不整齐了。② 如果上课时，大家思想不集中，眼睛不看老师，做小动作,就破坏了课堂纪律。因此学跳绳给了我一个启迪，无论做游戏还是上课都要脑、手并用。

① 真弄得有点手忙脚乱,还有几次被绳子绊倒。我又好玩又好笑,别人跳绳跳得满头大汗,我被一根绳子折腾得满头大汗。

② 在队伍前面一看 就像千手观音似的。

你竟然把跳绳、上课联系起来,我也很受启发,谢谢!

我的爸爸

  我的爸爸长得好奇怪，他的头很小，我的头很大，爸爸就像电视里的小头爸爸，我就是大头儿子。他的眼睛很小，笑起来像弯弯的月亮。他的脸上有两座"山"，那就是他高高的颧骨。他最喜欢做的事是躺在床上一边看足球赛，一边用夹子拔胡子，所以他的下巴光滑得像剥了壳的鸡蛋。我喜欢我的小头爸爸。

  果然像大头儿子，小头爸爸，在你的描写下，爸爸的小眼睛，高额骨特征鲜明，爱边看足球边拔胡子的细节也抓得很好，字数不多，却十分生动。

烟囱爸爸

　　我爸爸是个好爸爸，每当我碰到难题时，他总是耐心地帮助我解答。但是，爸爸有个坏毛病，就是爱抽烟，每天少抽一支烟，就浑身不舒服。妈妈拿他没办法，我也头疼。最最最最讨厌的是，他一想问题就要抽烟，帮我想题目吧，那支烟就在我鼻子底下，那白白的、细细的烟雾像条个虫子一个劲儿地往我鼻子里钻。爸爸说做题目有时会有灵感，可是我没有灵感，我被熏得越来越糊涂了，只有眼泪和鼻涕。希望烟囱爸爸能够改了这个坏毛病，否则我的数学不过关可概不负责。

　　以有故事童＝你笔下才会去观这样的比喻，才会连用四个"最"字来表达配真的很讨厌爸爸抽烟，不过吸烟影响健康，还是要劝劝爸爸，比如这篇文章就是很好的劝告书，试试。

饺子铁人三项比赛

今天，妈妈买了一斤饺子皮和一斤肉，中午要包饺子吃，我真高兴。

我说："妈妈，让我和你学包饺子吧！"妈妈点头同意了，还夸奖了我。我心里甜滋滋的，还说要和妈妈比赛谁包的饺子棒。爸爸说进行饺子铁人三项：长得好，坐得正，游得棒！比赛开始——

妈妈包的饺子就是不一样，一个个像挺着肚子的"将军"，昂首挺胸，端正地"坐"在藤匾上，神气极了。我的就差劲得很，肉包多了，捏这边，那边鼓出来，捏了那边，这边的肉馅逃了出来，像个超级胖子胖得撑破了肚子。少放点吧，肚子瘪了下去，两边耷拉下来，站站不直，坐坐不正，我只能把它们靠在藤匾边上放一排。

妈妈耐心地教我，在饺皮中间放上肉馅，不多也不少，饺皮周围涂些水，最后把饺皮对折，一捏，一个漂亮的饺子又"坐"好了。

饺子运动员纷纷入水，妈妈的饺子潜泳后得意地浮了上来，我的饺子撑破了肚子，白菜馅、肉馅冒了出来，漂在水上，很有趣。

饺子铁人三项比赛，我输了，不过，我会再努力的，好好学。你们也来和我比比？

　　……有见过运动员的铁人三项比赛，一家人包饺子，以"长得好""坐得正""游得棒"三方面立项比赛，还真是太有意思了。按三项内容分三个自然段，这样更加清晰些。

　　"长得好"和"坐得正"可能在描写中会有所重叠，所以也可以分为"长得好，游得棒，味道美"，但如果按这个分，就要把铁人三项的名称改一下，这样一想又很开心，看来下次还能有篇新文章。

　　聊聊写作真有意思，期盼你下一篇佳作。

吃虾

　　今天家里和平常一样，晚上是吃虾，我喜欢吃虾，但是我不是总爱吃虾，我想告诉吴老师我学会了自己吃虾。

　　以前家里吃虾都是爸爸剥的，我在旁边等着，但是我现在是把虾放在嘴里，用牙齿和舌头自己吃的，妈妈教会我吃虾的技巧和方法，我觉得自己吃虾的味道比以前更鲜了！

　　很有趣，让我来试试写写看。

　　以前每次吃虾，都是爸爸剥虾，我在一边眼巴巴地看着，爸爸的手十分灵巧，掐去虾夫，撕去虾尾，褪去虾壳，我一边看一边咽着口水。

　　现吃，我撕去虾夫，把虾放进嘴里，我的舌头也不逊色于爸爸的手指，我到了虾壳身体中心，用舌头一顶，虾壳开了，壳碰到了舌头，有点触痛，但那鲜美的虾肉让我垂涎三尺，也就不觉得痛了。我用舌头"剥"去了虾壳，连细小的虾脚也一一剔除干净，现吃虾的味道就是不一样。

　　小良，看看这样写行不行。

榨汁

　　我们家又多了一样东西，它叫"榨汁机"。

　　起先都是妈妈榨给我吃，可过不了几天，我的手就痒痒了。我先把榨汁机用热水烫一下，再把几个新鲜的橙子切成两半，我把两个橙子放到钻头上，钻头像挖土机的镐头一样勇往直前，"咯咯咯"地欢快地叫着，仿佛是它先尝尽了橙子的鲜美，一边吃还一边留下一片残余剩渣。我刚放下被榨空的橙子皮，就迫不及待地拿起橙汁来喝，那滋味感觉里面有一粒粒的果粒，还甜甜的、酸酸的。

　　我觉得榨汁很有趣，但榨出来的橙汁更好喝，因为从此我那可怜的牙齿再也不会被橙子的"筋脉"卡住了。

　　我爱小明波，一个很可爱、很可爱的小孩。

　　不仅要会写，更要会说，波波从现在起要好好地练习朗读，否则那么好的文章，在几百人面前朗读得很糟可不行。

　　才思敏捷的波波同样要善于表现他的才华。

猪宝宝

也许是因为我属猪的缘故吧，每次睡午觉，我都能睡得很熟。有一次，我和妈妈一起睡午觉，只一会儿工夫，我就进入了梦乡。妈妈醒来，发现我不见了，连盖着的毛毯也不见了。她连喊几声："多多！多多！"可一点儿回应也没有。她翻身下床，也没发现我，妈妈急坏了。忽然，她发现床底下露出毛毯一角，低头一看，忍不住笑了。原来，不知什么时候，我从床上摔到了地上，竟然没醒，又一个翻身钻进床底下，呼呼大睡。妈妈不禁感叹：真是一头名副其实的小猪！

看了你的小文章，我完全可以想象出这样的场景，而且在描写中还留了一点悬念呢，"床底下露出毛毯一角"，让读者也不禁跟着妈妈一起去寻找可爱的你。多可爱的猪宝宝啊！我们都喜欢。

哭

　　"三·五"学雷锋即将来临，所以，品德课时涂老师给我们看了雷锋叔叔的故事。① 小陆说："哼！智圭这个日本鬼子！"那时候，我挺伤心的。② 后来，小向说："我们班有日本鬼子啊！"马上要下课的时候，老师说要在网上送花，让每个同学想一句话给雷锋叔叔，旁边的小陆又说："日本鬼子说什么话，滚到一边去！"那一句话彻底撕碎了我的心，不知什么时候我流下了眼泪，平常勇敢坚强的我，现在像一个爱哭鬼，那眼泪到我嘴里咸咸的，苦苦的，把我心中的痛苦一滴一滴地往外淌。③ 这件事情只有自己经历过才知道这种痛苦是多么的苦。

　　① 不知为什么.

　　② 但只是鼻子里酸酸的，倒还能忍住.

　　③ 必随着泪水流了出来.

　　老师真不愿意看到这种发，他们那样做是不对的，老师会批评他们的。

　　你是老师心中的宝贝，怎舍得让你掉泪.

每周二新闻节目

1.小凡拿小吕的挂件，放学时候全曝光！

今天，我们到上海活动中心过"十岁生日"，得到了一个小挂件。大家在回来的路上换着欣赏，小凡看着他们很羡慕，就在下午第一节课偷了好朋友小吕的挂件。放学时小阮和我把这件事告诉了林老师。林老师又发现小高的挂件不见了，原来也在小凡手里，平常内向的小凡这次在同学面前被曝光了，更加羞愧难当。

2.外教老师的秘密和小名。

这几天MR jiang非常受同学欢迎，同学们喜欢他。他的裤子两边有一个破洞，上课时老把手挡在破洞旁边，被同学知道了。①

同学们现在取他小名可激烈了，原本有许许多多的小名，但最后定下来是"Mr姜保罗"和"MR僵掉了"。

① 而且为了避免动作太大，他的双手总是卯着一动不动地被夹在腿的两边，那样子仿佛被冷冻过、僵直了身子一般，十分有意思！

这个新闻挺有意思，但这个绰号，也就是你们称作"小名"的那个，我还是不太喜欢。

至于第一个新闻，还是作一番了解再写更好些，因为不要轻易去否定一个人，不要轻易认为别人错了，即使是错了，也希望你们能了解原因后再下定论。

一个人总有犯错的时候，连吴老师都难免，毕竟宽容一些吧，好吗？

做一个宽容的人，心里能容纳他人，容纳天地的人。

惭愧

今天，吴老师在晴雨表里写"希望第四单元时发生的事不要再发生"。妈妈一看便问我："吴老师在这上面写这些干吗？"我说："没事呀，干吗？"在妈妈一再逼问下，我才扭扭捏捏："我在测验的时候看了语文书。"妈妈顿时火冒三丈："你怎么能这样呢？你偷看书就等于偷窃。你还撒谎不说这些，多不应该呀！"我哑口无言。过了一会儿，妈妈气得涨红了脸，眼睛瞪得老大老大，胸脯一起一伏。

后来我想：我可真对不起妈妈！她天天都把我送进学校，对我无微不至，而我却一点儿也不领情给她添乱。

给嘉昀妈妈的话：

其实后来我也有了反思，有时我们的批评会挫伤孩子的自尊心，现在才明白太多的表扬有时也成了一种压力。因为一直在表扬，而两对小嘉昀的坚强表示赞赏，所以他也许觉得考得不好很尴尬，我这次也有责任，看来对孩子的教育，任何评价都要慎重。这次我并没有小题大做地指责他，因为我知道，这个孩子根底是很好，很正直，他一定会改的。

虐待动物的恶魔

昨天"六一"节，我们去上海马戏城参加主题集会。

我们看了多姿多彩的节目。舞蹈队的同学跳起了优美欢快的舞蹈，合唱队的同学唱起了动听的歌曲……最后我们看了中国马戏的表演，表演的动物可多了，有虎、马、大猩猩、狮、狗。最令人难忘的是马戏团的驯兽师，他们手中拿着鞭子，有时朝地抽打，有时抽在动物的屁股上。我想：人类应该保护动物，再精彩的马戏也无法引发我的笑。①

在我眼里，这些驯兽师就是虐待动物的恶魔，我要到野生动物保护协会去告他们。

①每当周围的同学被动物们的表演激起一阵又一阵的笑声时，我却总似乎笑不出来，每当那一根根抽在小动物身上的鞭子发出响声时，我的心也会觉得那鞭子抽中的疼痛。

你是一个善良的孩子，很少有孩子在看马戏时想到这些。但驯兽师也并非恶魔，就好像杂技演员一样，要有一台精彩的演出，就必须付出辛劳。

但爱护动物，我们都该知道并去做到。

今天的作业真多，真累。

宝宝病好些了吗？你几天没来，看看你宝宝的座位，老师真有点想你了，那个坐在后排的，很久真听课的小书生怎么没来？病全好了吗？还要注意休息哦！

如果作业多，可以以后再补，休息好才好！

今天可以折手工纸了，真高兴。

今天为什么可以折手工呀？是不是该交代一下呢？这样句子就长了一点点。高兴得怎么样呀？写出来，又长了一点点，文章就是这样一点点变长的。

如：我高兴极了，拿着手工纸看了又看，比着书上的样子折了起来。下课铃响了，伙伴叫我去玩，我都没停手，直到我的"大作""龙手搭桥""诞生"，我乐得差极了。

雨声丁冬

　　我坐在灯下做功课，只听见外面淅淅沥沥的雨声。天上的水龙头关不上了，老天，我求求你了，能不能不要下雨了？下雨就不能上体育课了，也不能出去玩了。

　　不过也有一个好处，就是可以看到一些可爱的景象，小朋友穿着卡通雨衣，走起路来一摇一摆的，像一只只可爱的小企鹅，有些大人撑着伞，像一朵朵雨中盛开的花朵。一滴滴的雨点落下来，溅出一个个透明的水花。现在是深秋，接连下了几天的雨，感觉离冬天越来越近了。

　　晚上，雨下得小了一些，打在屋檐上"滴答滴答"，我伴着雨声沉沉地睡了。

　　看来你很喜欢上体育课，喜欢户外活动，所以遇到下雨天，你有点不乐意。但是小诗真会"苦中作乐"，雨中可爱的"小企鹅"，漂亮的"小伞花"，透明的"小水花"，一幅生动的雨中图。文末的"滴答滴答"要与题目两岁接一起来，题目可以就是"雨声滴答"。

小雨点和小树叶

春天来了，小雨点把小树叶从树妈妈的怀抱中叫醒了，小树叶揉揉眼睛探出头，看了看说："小雨点有什么事吗？"小雨点回答说："你可以和我玩吗？""可以。"小雨点说。说着小雨点下起了小雨，小树叶美美地喝了一大口甜甜的雨水，伸了一个大大的懒腰，跳出了妈妈的怀抱，它跟小雨点一起翩翩起舞。

夏天来了，小树叶长大了，小雨点也认识了许多好朋友，它们总在一起玩耍，小雨点在小树叶上蹦蹦跳跳，小树叶笑得"哗啦啦"响成一片。

秋天来了，小雨点看见小树叶一天天枯萎下去，心里很难过，每天都在哭，小树叶用最后的力气安慰小雨点说："你不用担心，明年我会再回来的！"

第一次看萱萱这篇小短文就被震动了。为小雨点和小树叶之间的友谊而感动，又为他们的离别而惋惜，更为伤感又带有期盼的结尾而动容。8岁的你就能这样来描写，了不起，童心文笔。盼春啊，好友再聚。

　　当这篇文章被印刷在合页上，配上萱萱的画，第一条绝功是纯手工制作的，只为了赶时间送到她手里，让你好好地看一眼。萱萱带着美好的期盼离去，留给我们很多遗憾的记忆。这篇小文仿佛带我们冲进了她的故事。春已归，我心小树叶，回来吧，我们想你了！

我爱阳光

阳光是无形的可是它却无处不在，而且如果没有阳光，也不会有我们的地球。我爱阳光，它爱抚着每一棵树木每一朵花。它让西瓜苗长出了又大又甜的西瓜，把海中的水化成云变成雨滋润着土地。我爱阳光，没有它的反光，夜晚是黑暗的，没有一丝生机。阳光也是孩子们最喜欢的，我们在明亮的、温暖的阳光下快乐地嬉戏。我爱阳光，它是多么的无私！数十亿年来一直默默无闻地工作着，一代又一代的人类和动物都享受着每一缕阳光，每一缕生命的阳光！

很有诗意的好文章。

我帮加了结尾：

阳光在我们看得见的地方，它在爸爸、妈妈的眼睛里，让我一看到那温暖的眼神便有了无穷的动力。

阳光在我们看不见的地方，它在我们每个人的心上，让我们感觉需要的目光，便会伸出有力的肩膀。

可以吗？请小露们审阅。

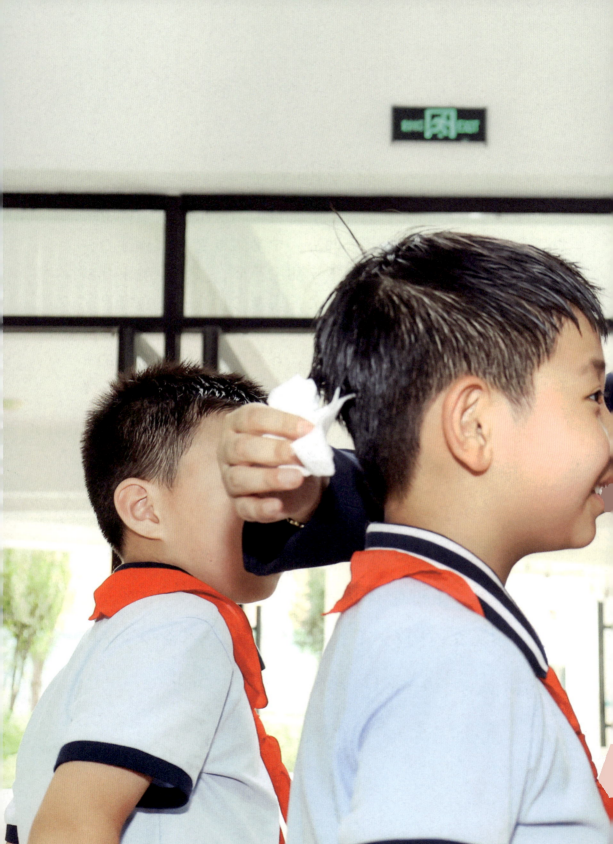

三年级
杏花未小

苔

[清] 袁枚

白日不到处，青春恰自来。
苔花如米小， 也学牡丹开。

　　"白日不到处，青春恰自来"，成书清代文学家袁枚所见，成长往往是在不经意间发生的。孩子到了三年级，像些词，就成了一个"小大人"。这个阶段，他们好像突然知道了什么叫"我"、什么叫"你"、什么叫"他"，知道你我有别、群已有异。于是朴素而真实意识在这个时期形成了——"苔花如米小，也学牡丹开"，虽然还小过苔花，却也想看要似牡丹般盛开。不要觉得自我就是自私，这是个性成长的必经之路。"苔花如米小，也学牡丹开"可能是孩子们一生前行的动力渊薮；只有让他们在这阶段接纳小我、理解小我，学会盛开、有思盛开，才能让他们以后真正盛开。园丁不仅要培土，也要学会修枝、理叶。

我也当上了小校长

我是校长！你信吗？一定不信吧，不骗你，我真的是校长！在我们学校每个同学都能参加"值日小校长"的活动。只要你有勇气竞选，你就可以填上你的竞选感言，参与竞选。

当这个星期升旗仪式上，程校长从票箱里抽取出一张字条时，我全神贯注地看着程校长，手因为紧张而紧紧地攥着，捏了一手的汗。"是三(6)班的小吕！"我听着，竟然觉得程校长的声音比唱歌还要好听。我当选值日小校长啦！欣喜、甜蜜、激动一齐涌进了怀里，心窝里像蹦进了一只活兔，怦怦跳个不停。

每天早上，我和程校长一起站在校门口，迎接每一个同伴。中午，我和程校长一起巡视校园。我一直觉得程校长是个很了不起的人，因为和他一起巡视校园时，总有那么多小朋友亲热地叫他，甚至跑上来抱着他。没有人亲热地叫我，更没有人冲上来抱着我，看来我这个小校长要赢得大家如此的热爱，还要好好向程校长学一学。

中午，性急的我早吃完饭了，便兴冲冲地去找程校长去巡视。只要我一推开办公室的门，他就好像有心灵感应一样，放下筷子站了起来，陪我一起走向教室。可后来，我明白了，我总是等上一会儿，因为我知道天越来越冷了，校园巡视通常要花上半个时，工作结束饭菜早就凉了，程校长一直在吃冷饭呀！

　　我是一个小校长！我也要成为程校长那样的好校长！至少成为一个像他那样非常受小朋友欢迎的好校长！

　　"值日小校长"是我们卢湾一中心小学的特色，有勇气，有想法就能竞选，参与学校管理。看见你飞快工作，我特别激动。看了你的文章，我了解了你工作的"辛苦"，向你忙于小校长工作的忙碌，体会到了程校长平时工作的繁忙，体验即成长。认真当好小校长，祝成功顺利。

想念你的摸头

　　你一定觉得我的作文题目很古怪吧！先让我向你介绍他吧！你不会知道，我们有多喜欢他。一年三百多个日子，刮风了，下雨了，可是他总是笑着站在校门口迎接我们。每天中午，他都会走进每个教室，问我们吃得好不好，有时候，他什么也不说，看着我们吃得很香就会微笑。那么多小朋友喜欢他，我是最喜欢他的一个。因为他摸过我的头！

　　记得在一节情感教育公开课上，我告诉老师我最喜欢他摸我的头，因为除了爸爸、妈妈，只有他摸过我的头。我喜欢老师摸我的头，这表示老师喜欢我。

　　那天，我在操场上看到了他，他站在我的面前说："我来摸摸你的头，好吗？"我一看，是程校长！我的心一下子跳到了喉咙口，天哪！他一定是听见我在课上说的话了。接着，我就感到一只温暖的大手在我的头上摸了几下，直到上课铃响了，我坐在教室里还是觉得那只大手留在我的头上，我的头发还发热呢！

　　从那天开始，每天程校长都会摸我的头，有时是在校门口，有时是在教室里。我觉得自己是享受特殊待遇的人，非常得意，每当他摸过我的头，我会足足兴奋一天。

　　可是有那么几天，程校长不知去哪儿了，我几天没有被摸头，说不出的难受。程校长不关心我们了，我很伤心，我知道他很忙，那么隔一个星期看一次可以吗？我心里总嘀咕着这几句话，我把这些心里话写给了程校长，悄悄放在了他的桌上。妈妈说我是个傻孩子，程校长很忙。可是那都是我的心里话呀！

今天，我正在教室里吃午饭，程校长来了！他走到我的身边，那只温暖的大手又放在了我的头上，"对不起，程校长这两天出去开会了，所以没来看你们。我怎么会忘记你们呢？看，这不是又来摸你的头了？"他笑着，而我直发愣。

平时挺会说话的我这时什么也说不出来了，直到程校长在同学们亲热的叫喊声中笑着离开教室，我才想起自己要对他说什么——程校长，我想念你的摸头！

内向、容易害羞之小立通过一篇文章表达了自己的情感。我曾经在学校门口看见过这样之画面，个头小小之孩，背上大书包，跑进学校之样子特别可爱。没想到程校长这个小小之举动给你留下如此深刻之印象，也给我很大之触动。我希望也能像程校长那样，得到小朋友之喜爱。

小兔子的眼睛长到
吴老师的脸上去啦！

　　2004年12月6日，发生了一件让人非常非常非常担心的事。第四节课是语文课，吴老师怪怪地出现在我们的面前。哟，那漂亮秀气的脸蛋变胖了，水汪汪的大眼睛已经变成一条线，几乎要睁不开了，更可怕的是小白兔的红眼睛长到吴老师的脸上去了，好可怜呀！看着我们目瞪口呆的样子，老师解释说是她那隐形眼镜惹的祸，它把老师的眼角膜给刮伤了。我听着，却听不太明白，反正不管怎么样，我们都对隐形眼镜咬牙切齿起来。

　　接下来的日子，吴老师就充分利用她的一只眼睛。一只眼睛批本子，倒不影响速度，红勾打得仍是那么快；一只眼睛看我们玩，也不影响她看着看着，直对我们笑；一只眼睛批评着几个小调皮，那几个小调皮望着她的一只眼睛，倒没有笑出来，反而认真地点头。唉，吴老师，让小兔子的眼睛快离开吧，真希望看见你清澈的大眼睛。

　　没想到吴老师红了的眼睛让你如此牵肠挂肚，或者说你的描写写得如此妙趣横生，尤其是我同一只眼睛批本子的画面，我想想也会笑出声。我一定好好学，让小兔子的眼睛赶快离开。

让我写满"喜欢"

幼儿园时，我很羡慕我的妈妈，因为她是一名服装设计师，可以为人们设计出五彩缤纷的衣服。而现在，我的想法变了，当我进入三年级，看见吴老师以后，我从心里情不自禁地冒出一个念头：我长大了要做老师，要做一个像吴老师一样的老师。

其实，我一直想对吴老师说：吴老师，自从你给我们上第一节课的时候，我就特别地喜欢你。只是因为我胆子特别小，不敢说。

每次下课我都会和几个女孩子悄悄来到你的办公室门口，我都会忍不住张望一番。有时门关着，我只能怯怯地离去。有时门开着，但吴老师不在，使我白高兴一场。有时门开着，吴老师正在那儿批着作业，我就在门口静静地站上一会儿。上课铃响了，我被同伴叫走了，那时我只想对她说，你让我多看一会儿吧！

当我积攒了很多很多勇气和老师说话的时候，发现总有说不完的话。老师问我长大想干什么，我说想当一名老师。我曾问吴老师为什么要当老师，她说——因为她喜欢我们每一个活泼可爱的小人儿。我听了，心里暖暖的。

吴老师，有时候我觉得看见你就像看见了自己的妈妈，因为我胆子小不敢说，我就写在"晴雨表"上吧！妈妈，我好喜欢，好喜欢你呀！我真想在一张纸上都写满"喜欢"，

三年级：苔花米小

因为我真的很爱我的吴老师！

　　小南亥是一个心思细腻的小女孩，常常忽闪着大眼睛，站在我身旁看我拟卷子，奇其他问号和我聊得很欢时，你也只是静静地站在一边。不过，现在你找到了和我聊天的方式，我们有了"晴雨表"，畅所欲言吧，谢谢你，告诉我！♡

笨笨的嘴，真诚的心

今天，我收齐了本子和小洁一起去吴老师办公室送本子，可是不知为什么，我总觉得吴老师和平常不一样。我是个男孩子，平时挺粗心的，可是老师今天的不一样让我也发现了。老师的嘴唇有些发紫，如果你仔细看的话，连老师的手指尖上也透出了紫色。

伶牙俐齿的小洁立即问："吴老师，你怎么了？""哦，我不太舒服，一会儿就好了。"老师的声音比往常轻了许多。

我一听，心里可着急了。"老师，你要好好休息呀！"这句话在我肚子里翻来覆去，终于滚到了喉咙口，后来又滚到了舌头上。可是它就在那里转呀，转呀，怎么也说不出口。小洁抢着说道："那吴老师你要多休息呀！"我的那句话也就滚回肚子去了。

回到教室，我有点闷，一半为了吴老师的不舒服，一半为了自己笨笨的嘴。回到家，我告诉了妈妈，妈妈说老师这种症状可能是太累了或是心脏有问题。听到这儿，我更着急了，怪不得老师上课的声音不再响亮，怪不得老师说话有时会稍稍停顿一下。这一定很难受，可是从没看见老师请假。

老师，我不太善于表达，但是，我有一颗真诚的心，我会写出来，告诉你："老师，希望你早日康复，每天都看见你灿烂的笑容，健康开心地过每一天。"

三年级：苔花米小

　　我想明天把小字条夹在本子里，希望你能够看见，原谅我笨笨的嘴，知道我真诚的心。

　　我们至今觉得男孩子的心不及女孩子细，但是读了你文章以后一定会改变看法。感谢你真诚的心、火热的情感，我将剪方吹这句"翻来覆去……滚……滚……转呀、转呀……"牵挂，处处从字里行间透露了出来。感动！

哥哥？爸爸？还是爷爷？

照片上的他是谁？你猜猜，我说呀，他是我哥哥，又是我爸爸，还是我的爷爷。奇怪吧？真的，不骗你。

那天，我们舞蹈队去复兴公园参加区"周周演"活动。老师为我们化了妆，我们就在一边候场。真没想到，他也来了，我们立即就围了上去，叽叽喳喳地说起了话。

他多像我的哥哥呀，你看，他脸上的笑容好像会变戏法，藏起了他的白发，弄平了他的皱纹，他就像哥哥那样年轻，充满活力，瞧，他还向我们做起了鬼脸。他真像哥哥！

他多像我的爸爸呀，你听，他对我们说："怎么样？穿短裙子冷不冷呀？有没有带件外套？着凉了可不好。"在我印象中，只有我的爸爸才会这么关心他心爱的小女儿，穿少了怕冻着，吃少了怕饿着。他真像爸爸！

他多像我的爷爷呀，那天，我和同伴们挤呀挤，都想挤到他面前听他说话。哎哟，我被重重地踩了一脚，舞鞋脏了，还很疼很疼。是他把我搀了起来，轻轻拍拍我的舞鞋。我抬起头看见他，他的眼睛多像爷爷呀，一看就让人觉得心里很暖很暖。他真像爷爷！

那天的演出，我们跳得特别卖力。一个星期后，我得到了这张珍贵的照片，不知是谁拍下了这个镜头，我会一直珍藏着它，也希望他——我们的程校长，永远像哥哥那样年轻，像爸爸一样贴心，像我的爷爷那样慈祥可亲。

三年级：苔花米小

　　刚开始读这篇文章，我还没有反应过来，渐渐看下去才觉得很有意思，原来马小是程校长啊。而且三种身份结合具体事件非常贴切。徐哥哥那样年轻，徐爸爸那样贴心，徐爷爷那样慈祥可亲，你写出了很多小姑娘真实心想法。你可以把这篇文章给程校长看看，他一定很开心。

我爱黄宝

我们都叫他"黄宝"，因为班主任吴老师说他是我们班级的"宝贝"。我们一直不知道黄宝得了什么病，他不说话，也不听我们说话。他常常会哭，而且一哭就无法停住，随便谁劝，怎么劝，都没有办法。

说实话，作为中队长，班级里有这么个同学，我真的挺同情他的，觉得他已经够可怜的了，看他什么都说不出来，多痛苦呀！我们唱着、跳着的时候，他却总是缩在角落里。老师很关心他，而且也叫我们好好照顾他，班级里的女生待他特别好，下课了有人陪他下棋，中午有人陪他吃饭。老师更是把他当成宝贝一样，不时地摸摸他的头，搂着他说话，都让我们吃醋了。渐渐地，黄宝会笑了，黄宝会说很简单的话了……

那天，不知怎么的，体育课上小扬和黄宝闹起了别扭，从开始他推着黄宝，到后来抓他头发。黄宝又哭了，泪水不住地淌下来，哭得喘了半天气也说不出一个字。我生气了，非常生气，冲上去和小扬打了起来，怎么可以欺负黄宝！……结果当然是我和小扬都被批评了，可是在批评我动手后，老师摸着我的头说："打人是不对的，可是我知道你为什么这么做。"老师的眼睛望着我，我的心里暖暖的。

奇怪的是，黄宝开始喜欢在我身边，尽管他说的话还是很少，可是他却像个小尾巴似的。更奇怪的是，我也开始

三年级：苔花米小

　　喜欢黄宝在我身边，我发现自己不再只是觉得他可怜，他笑了，我就很开心，他不开心了，我就非让他重新再笑起来。

　　我们都爱黄宝，因为他是我们的宝贝，他常常抱着吴老师，他会说："吴老师，我好想你！"吴老师听了竟然哭了。他会挨着我，高兴地叫"小晨！小晨！玩！玩！"我听了心里很甜很甜。

　　黄宝笑了，我们就笑了，黄宝快乐了，我们就快乐了！

　　　这是真实的事。作为班主任，我想远展更许想的更多的是。她看见了"快乐作文"征稿，我问过她，她说这就是作文的最后一句话。我看过，征文的主题是"感受之海的成长与蜕变"，所以不知孩子写的是否切题。但当读完她的文章后，我心有点酸涩，有点感动，我想我还是把稿子寄去吧，因为这是孩子的真语。我还是把她的名字隐去了，我们平时确实都叫她"黄宝"。她是一个患有自闭症的孩子，三年前她来到我们中间，不会说话，不搭理人。孩子们给了她很多爱心，许多真切的爱，我看看，感动看。现在的黄宝已经能够说简短的语了，会会很简短，但还是都有流了的功劳。

　　　所以我也不再管这个材料是否切题，就让孩子说她想说的话吧，就让她这样诠释"快乐"的含义吧！

相约去书店

今天第四单元测验，看图作文的题目是"下雨了"，一共有两幅画，第一幅是一个女孩子把旗子降下来了。我回来想了想，画的好像是国旗，个女孩把国旗降下来是爱护国旗，不让雨把国旗淋湿，但是我没有把这点写进去。看来这篇作文写的有点糟糕。

现在我写过的看图作文，有写人，写事，还有写物这三种。

我想和吴老师一起去书店，吴老师您去书店的时候，能带我一起去吗？

我每个星期都会去两次书店买书，你愿意和我一起去吗：我在书店常常"有老鼠掉进米缸"的感觉。每次写作文都要花时间想一想，思考一下，吴老师写文章有了习惯，想的时间可能比写的时间还要长，到时一气呵成。你愿和我一起交流写作心得吗：

收到证书

今天我可高兴啦！

早上，我听见谁在喊我的名字。我走下楼，一位邮递员叔叔对我说："你是个懿吗？"我说："是啊。"他说："这是你的文件，里面是证书。"我听见是证书就想起了那个暑假，那个暑假里我每天都要弹两三个小时钢琴，再想起考级那天，我的心像一只小兔子一样怦怦直跳。我弹的时候错了一个音，就怕考级没通过。我抑制不住内心的喜悦，像小鸟一样飞进了家门，向爸爸、妈妈报喜讯。

心理活动描写得非常好，记得以前我教三年级下时学生刚刚会写这些句子。吴老师有时也给你增加些许负担，可是你的文章又那么吸引我，我真希望你写得长一些，让吴老师好好品味！

30米快跑比赛

今天上午的体育课，我们进行了30米快跑的跑步比赛。

首先，你要找到你的伙伴，然后到曹老师指定的地方排队。就这样，一次接一次地跑了三次。第一次，我和小炜比赛，第二次我和小伦比赛，第三次我就和欣然比赛。我就超过欣然一点点，不过三次我都胜利了！

到了最后一次，老师要我们绕操场跑一周，可是最后，老师太狠心了，让我和跑步最快的小凡一块儿跑，那我可是输定了！我偷偷叫小凡跑慢点儿，否则我跟不上。可是我拼命追也追不上，结果，一切在意料之中，输了！

把重点放在最后一段：描写上，怎样和小凡比赛的。

一见曹老师把我和小凡排在一起，我就傻了眼，要知道，小凡是我们班的"飞毛腿"，我哪跑得过他呀？所以还没有比，我就怯场了。

哨声一响，小凡像兔子一样蹿了出去，我迈开步子追了上去，一边用力摆臂，一边加快步子，先前还跟得上，可后来脚步开始沉重了，那双轻快的帆布鞋仿佛成了一双铁鞋。我越跑越慢，和小凡之间的距离也越来越大了——

不把这当成一次你追我赶的比赛，在明知小凡速度快，你一时无法追上的时候，把它当成一场好友之间的嬉戏，小伙伴正带着你刷新速度呢！这样想来就轻松、快乐很多了。

语文测验

今天上午，我们进行了语文第三单元测验。

这次考试，我的基础知识和阅读做得还算"一帆风顺"，可是到了写作文时，我即使绞尽脑汁也想不出。

原来这次作文题目是"生病了"。虽然我前不久生过一次病，可怎么也记不起生病的经历了。这个题目也未免太难写了吧？

我觉得这篇作文我简直是在记"流水帐"，也许要扣6分、8分、10分，甚至更多！我不敢再往下想了，越想越害怕。

我希望这次作文能少扣点分，只要分数在90分以上，我就不会遭受爸爸的"红烧兔肉"啦！

小扬和其他同学不同的地方就在于你在作文上写命题的、规范的文章是强项，而我们班同学由于在二年级时天天写"晴雨表"，在记生活小事上就写得很有味道，而在规范行文上稍有所欠缺。

希望你也能借助"晴雨表"多多积累材料，打好扎实的语言文字基础，记录下生活的点点滴滴。

三年级：苔花米小

　　霎处间，我对你以后的作文充满了期望，我总觉得以后你的文章一定会十分出彩！

　　妈妈的话：谢谢老师的鼓励！您的鼓励让小扬充满信心，她可在乎呢！

有感

　　今天发下了一本"晴雨表"，我原以为写得很好。可打开"晴雨表"，让我大吃一惊，本子上都是写得密密麻麻的红字。其实每次写前，我脑子里都有一些很好的材料，可是每当要写时，这些很好的东西就突然从我脑子中闪过了。我想了又想，却怎么也想不起来，真让人着急。终于想出了一个稍微比原来那个差一点的词语和句子，我怕再忘了就赶紧写下。所以我就只能写出这种"晴雨表"了。

　　感谢吴老师认真批本子，我会再接再厉，努力把文章写好。

　　小昭逸的"晴雨表"总是与众不同，写的文章内容往往是件些生活小事，每个孩子都有自己的特色，有的擅长描写，可以把一个场景、一个事物写得生动。其时，有的则语言不多，却能写出字里行间透着孩子的天真，小昭逸就是这样，常常给批本子批得眼睛发酸的我带来快乐！

别再叫我减肥了

拜拜，我的炸薯条！拜拜，我的肯德基！拜拜，我的可乐！我很难过地和这些伙伴告别，因为爸爸、妈妈告诉我不能再吃了。上体育课，真累呀，特别是跑步，我喘得上气不接下气。走楼梯，真累呀，怎么会有那么多台阶呢？

一夜之间，家里的糖罐都失踪了，吃饭的碗尺寸也变小了。卡哪！卡哪！卡哪！我干嘛要变个小脸蛋，细细的胳膊，细细的腿，我觉得自己这样子很可爱嘛！

为了向所有人证明自己的体重不重，长得挺标准，我有一个特别行动。我套上了小号的芭蕾舞裙，怎么样？做了个标准动作，别看手臂还是像藕一样，但至少肚子没凸出来，样子挺好吧。体重怎么证明呢？有了，我跃上了家里的茶几，那上面是一层玻璃，玻璃没碎就足以证明我不胖，不需要减肥！！！

成功了！我以这张照片证明我不需要减肥，还获得了爷爷、奶奶、外公、外婆的一致同情，终于又可以和伙伴见面啦！

不胖呀！健康就好，有一点小肉肉也行，不用刻意减肥。不过，一次减肥行动促成了一篇可爱的文章，糖罐失踪、吃饭的碗尺寸变小了……太有意思了。不过站上玻璃茶几来证明，太危险了，下次可不行哦！

猫和老鼠

我家有只猫，无所不能的猫，那就是我妈！

我家有只老鼠，猫不在什么都不怕，猫在什么声都不发，那就是我！

猫什么都管着老鼠，从学习到生活，从看书到刷牙，实行全天候、全方位"监控"。

这不，猫和老鼠又较上劲了。每天晚上必须刷牙，这是功课。我对着镜子照了又照。由于人比较黑，一口白牙都可以去做广告了。"牙膏用了吗？"猫问道。因为曾经偷懒不用牙膏，只用清水过过嘴，被猫逮住过。"用了。"老鼠含含糊糊地回答，一边大声地刷牙，大声地咕噜嘴里的水。

猫不信，来检查。老鼠嘟着嘴给猫检查。正在这时，家里的另一只老鼠拿着照相机拍下了这个珍贵的镜头。"刷个牙还和儿子那么认真！"大老鼠的嘀咕被猫的解释压住了："牙齿很重要，蛀了不得了！"

不过，我们一家，一只猫和两只老鼠相处愉快，我们都喜欢被猫"监督"。爸爸说，这说明妈妈爱我们。是呀，哪天妈妈不管我们俩，也许我们都觉得不舒服呢！

三年级：苔花米小

原来妈妈在家里是地位那么高啊，绝对的权威啊！

在你的描写里，我眼前仿佛有了《猫和老鼠》的动画片的画面，特别有趣。聚焦到"刷牙"这件生活小事，描写真实，老鼠的绝对让人看了忍俊不禁。多描写一点生活小事，这其实是温馨家庭的真实写照吧！或者说真！

地球仪是用来找爸爸的

我的书桌上放着一个大大的地球仪，是我在上幼儿园大班的时候，妈妈陪我在文具市场里面采的。吴老师您知道这个地球仪有什么用处吗？您一定想不到吧，让我来告诉您，这个地球仪是用来找爸爸的。

这两天，我又在看地球仪，因为爸爸又出差了。我从上海出发首先穿过中国，经过亚洲，再穿过非洲，然后飞越大西洋，到达南美洲，找到了阿根廷。我终于找到爸爸了，爸爸在地球的对面！我想我马上要睡觉了，爸爸这会儿一定是起来了，我盼望爸爸早点回来。

看过很多描写物件的文章，但是这篇地球仪却让我动心、动容。因为小度的地球仪是用来找爸爸的。原来对爸爸的思念是隐藏在这地球仪上的地图里，看看爸爸所到之国家，小手指点一点，走一走，就仿佛陪伴着爸爸一起前行。写得真好啊，童言童心，让我读着，读着，不禁感动。

我们家的四条"虫"

大家一定看过《虫虫总动员》吧！这个卡通片里的蚂蚁都有不同的性格和不同的爱好，我家那四条"虫"也跟卡通片里的蚂蚁一样，有着不同的性格脾气。

我爸爸是条"上班虫"也是条"赚钱虫"，他每天早出晚归，到了晚饭时间，我每天都要打电话问爸爸回不回来吃饭，他几乎每一次都说："我要加班，你们吃吧！"休息天也不休息，老是要去上班，我就问爸爸："为什么要这么忙，没时间陪我玩？"爸爸总是说："我要赚钱养活你，我要你和妈妈过上更好的生活！"

我妈妈是条"唠叨虫"，从清早叫我起床开始，就不停地催我："快点起床！""快点穿衣服！""快！快！快！要迟到了！""记住今天要乖一点噢！""不许看电视！快多吃蔬菜！""快点做作业！""快点喝牛奶、洗澡、睡觉！"……她每天说来说去就这几句话，我都能背下来了，每次我总是用这句话回答她："噢！等会儿！"

我外婆是条"烧饭虫"，她每天起床的第一件事就是进厨房为我们烧早饭，每个人按各自的喜好吃不同的早餐。晚上放学回家总能看见外婆在厨房里奏起"锅、碗、瓢、盆"交响曲，不一会儿一桌香喷喷的晚餐就烧好了。外婆烧的肉丸子、糖醋鱼是我的最爱。外婆最喜欢逛菜场，看见什么都喜欢，每天都采很多菜把冰箱塞得满满的。

　　我是一条"上学虫"，每星期一到星期五我都要去上兴趣班。星期六早上要去剑桥英语培训班上学，下午到三中心小学美术班上学，傍晚到少年宫殷老师那里学看图说话。本来星期天我还要去好莱坞音乐学校上钢琴课，后来我实在受不了了就不弹了。我妈妈说小孩子学习是第一位，所以给我报了那么多班，看来为了长大能成为一个有本事的人，我还得不断地上学、上学、再上学。

　　每天，我们家四条"虫"都忙碌着自己的工作，争取比原来更上一层楼，我们真是一个快乐幸福的"虫虫家庭"。

　　一个家庭里四个人物形象鲜明，特点明显。爸爸为了全家的生活忙忙碌碌，妈妈有点小唠叨，外婆拿手绝活硬，而保姆的项目可真杂。但是用"虫"来定义，有点不准确哦！可以直接写我的爸爸怎样，妈妈怎样……通过细节描写，我们印象可以印象深刻。另外，参加那么多浮躁诗词猜谜多了些，可以调整一下吗：一切以兴趣为主。

在快餐店里

上个星期日妈妈出去了，晚饭让我和爸爸自己解决，我向爸爸提议去吃肯德基。到了肯德基餐厅门口，爸爸看见里面吃饭的人很多，就说："我们还是换家店吧！"说完爸爸转身往外走，他看见我还待在原地不情愿走，明白了我的心意，说："好吧！就在这家吃！"

进到快餐店，人好多呀！我对爸爸说："这样吧，你去排队买吃的，我去等位子，我俩分工合作！"爸爸同意了，不一会儿我找到了位子，爸爸正好也端了盘快餐走过来了。我先拿起一个鸡腿"啊呜！啊呜！"地啃起来，这时我看见邻座有一个和我年龄差不多的小男孩也正卡口卡口地啃着鸡腿，只见他吃了几口鸡腿又去喝可乐，可乐还没喝完又去吃汉堡，嘴里还忍不住地说："好吃！好吃！"坐在对面的爸爸看着他这狼吞虎咽的样子笑了，自己却什么都不吃。小男孩问爸爸："你想吃吗？"他爸爸摇摇头说："你慢慢吃吧，我不吃！"小男孩也不多理会，埋头自顾自地吃起来。

看着这一幕，我怔住了，我不由自主地想到平时我爸爸在下雨天为我撑伞，总是把伞往我这边靠，希望我不要被雨水淋湿，看花车游行时他让我骑在肩头，不管自己肩膀有多酸，只希望我看得清楚点，他高兴得就像自己也看到似的……

我挑了一块最大的鸡腿塞给爸爸，说："爸爸，你吃！"爸爸高兴地摸摸我的头，笑着说："你真是一个孝顺懂事的好孩子！"

　　说实话，看到文章第一、二自然段，我没想到后面笔锋一转，想到平时爸爸对我的照顾，尤其是生活中的一些小细节让人看了非常感动，当我看到你把最大的鸡腿塞给爸爸，不禁欣慰地笑了。

　　压缩前面小男孩的描写内容，增加爸爸平时行动的描写，我觉得将会有很多人喜欢你的文章。

我不想长大

我不想长大，因为有些好玩的东西，只能小时候玩，比如洋娃娃，橡皮泥……而长大再玩，就会被人笑话。

我不想长大，因为有很多非常好吃的东西，只能小时候吃，比如棒棒糖、果冻、QQ糖……如果长大再吃，会被人嘲笑。

我不想长大，因为有些地方只能小孩去，比如儿童乐园、少年宫、游乐园……如果长大再去，也会被人笑话。

我不想长大，因为小时候心事很少，而长大后就会有很多心事冒出来。

我不想长大，我想永远做被妈妈抱在怀里的小宝贝！！

一边读着你的文章，一边就仿佛看见了你，我想即使你慢慢长大成人了，却依旧是那个保持童真、童趣的小女孩，好玩的东西，好吃的东西，喜欢去的地方不会因为年龄的增长而拒绝你。继续去喜欢，去品尝，去游玩，不用在乎别人怎么看，开心就好！

小蜗牛

上个星期六上午，爸爸在洗菜，突然他大喊："韬韬，快来看！"我还以为发生了什么事情呢！原来是4只4～7毫米的小蜗牛正在菜叶上悠闲自得地散步。我小心翼翼地拿起一只蜗牛圆圆的硬壳，发现它头上有两只像天线一样的触角一摆一摆，像在张望这个新的世界，而且它们还是浅褐色的呢。

爸爸告诉我说："有蜗牛的菜就没有喷过农药。因为如果喷过农药的话，菜里蜗牛都会被农药给毒死的，所以这些菜是绿色食品。"

后来，我把这些蜗牛放在我的圆形鱼缸上，让它们比赛跑步。比赛开始了，有一只蜗牛一马当先，不一会儿已经跑了一半，还有一只小家伙则像要睡觉一样一动不动。突然，第一只蜗牛也不动了，而第二和第三只碰在一起后却掉转了头，在接下来的几次相互"碰撞"后，它们都调头往回"走"，这是我至今未解开的谜。

中午，我吃完午饭，又去看我的蜗牛们，可是，我发现有一只蜗牛不见了，再仔细一看原来它掉进了鱼缸里了。我想：这只蜗牛肯定是口渴了想喝点水，但不小心"脚"一滑，掉了进去。后来，因为这些蜗牛总是乱爬，爸爸就把它们放到窗外。今天和这些蜗牛玩得真高兴！

奚丝词大进步了，这篇文章写得真好！吴老师特别喜欢！除了描写小蜗牛的样子，还写了小蜗牛之间的爬行比赛、碰头、润关、才发的样子跃然纸上，下次把小蜗牛节奏给或者将，观察事物语言描绘真实的画面，融入自己的去发之情，这样的文章一定会打动人。

孙悟空溜到人间……

　　一天，孙悟空在天宫里当齐天大圣当得不耐烦了便溜出天宫，跑到人间来玩，刚跑进玩具商店，便被小朋友堵得跑不掉。所有小朋友手里都拿着笔和笔记本。他们异口同声地说："孙悟空叔叔，签个名吧！"随后几十张纸和笔塞到了孙悟空的鼻子底下。孙悟空才不明白签名是个什么东西呢！"就是写你的名字啊！我们可是你的超级粉丝哦！"一个小朋友激动地说。孙悟空怕麻烦，于是写了几笔天书就溜之大吉了。

　　孙悟空想看下这个城市的美丽风景，于是他就变出了一辆摩托车。由于他不懂交通法规，闯了红灯引来了警察，孙悟空听见了嘀呜、嘀呜的声音，他想三十六计走为上。于是孙悟空又一溜烟地逃掉了。

　　最后孙悟空想："还是天宫好，少麻烦。"

　　孙悟空是我最喜欢的动画形象，在你的笔下，孙悟空又有了新的经历，而且依旧是那样任性、可爱的样子。签名那一段让我啊仿佛太像了孙悟空的样子，但是看来大圣还不是很适应城市生活，所以最终孙悟空"逃"掉了。我们期待续集哦：希望再看到孙悟空游人间！

做了个关于航海家的梦

今天我做了一个梦，我是一位伟大的航海家。一天，我的船在大海上慢慢地航行，突然一个大浪向我们打来，把我的船打翻了。我在水里拼命地挣扎，可我还是沉了下去。突然一个东西把我带到了一个小岛上，我回头一看，原来是一条海豚。它救了我，我向它挥挥手，它转身游走了。

我在岛上走啊走，忽然看见一个人在搭房子，原来他和我遭遇一样，也是位航海家，被大浪卷到这里。虽然我们都迷路了，无家可归，可我们在一起还是很快乐，我们一起唱歌，跳舞，摘苹果，一起搭房子。突然有一天，一艘大船从我们那里路过，我们赶紧向他们招手，他们向我们驶来，大船把我们带回了家，可我还是一直很想念那个荒岛。

妈妈的话：

这是小缘"晴雨表"上的一篇小文章，妈妈读了很喜欢。

一直以来妈妈希望你是一个有目标，执着的人，就像一个航海家，即便孤独，无援，危险四伏，依然只向一个目标前进。同时也希望你能在任何环境中都乐观和积极，能够发现和获取生活中的快乐和阳光，就像你在荒岛上依然能生活得乐观和快乐。你的文章虽然只是你的一些幻想，可妈妈从中也捕捉到你内心的一些感受，让妈妈看到你小小的思想火花，虽然它们还只是萌芽，但妈妈盼望它们能破土和成长。

　　这是小缘和妈妈的交流，在经过小缘同意后，吴老师把小缘的文章贴在了网上，而且忍不住把妈妈的话也贴在了网上了。因为我实在觉得这对很可爱的母女正在通过网络交流。小缘是一个怯怯的可爱女生，读了她的文字才发现，她的小脑瓜里有那么多奇思妙想，有那么多美丽的梦，在辛苦了一天后，读读她的文章，真的是一种享受，那份纯净是我们成人世界少有的。

　　你呢？是否也和我一样，读了以后很有感触呢？

　　我知道，在我们班，这样的孩子很多，你愿意把你的文章传递上来，让我们一起感受这份纯净吗？

尊敬老人

今天，我和爸爸妈妈坐在回家的车上，我们一起聊着学校的事。这时有一位年老体弱的老爷爷拉着把手，手拄一根拐杖摇摇晃晃地走了上来。

只听司机一个劲地催他："快点，快点呀！"听上去有点不耐烦。老爷爷一着急，脚下没留神，一不小心摔了一跤，我和妈妈赶紧走上前扶老爷爷起来坐下。老爷爷说："谢谢你了，小朋友。"我说："不用谢，这是我该做的。"这个司机真不像话，怎么能对老人这样呢？刚刚过了重阳节，要尊敬老人，他可真不应该。

妈妈这时拉住我说："我们可爱的豪豪真懂事，尊敬老人是每个人要做的，因为我们都会慢慢变老的，大家都养成尊敬老人的习惯，那等我们老了也会有人帮助我们的。"

生活中的一件小事给你留下了深刻的印象，全文所使用的语言非常平实，但是完全可以感受到你当时的不满，对老人的尊敬并不仅仅体现在重阳节。更重要的是日常，不怕难，多呵护，从自身做起，关心身边老人。喜欢你的文章，正如妈妈说的：家家真懂事！

流鼻血

今天，到了家在洗澡的时候，我用手抠了抠鼻子。啊！鼻血淌了下来，一滴滴落到了浴盆里，殷红的血滴在白色的瓷盆上更加触目惊心。我赶快起来，穿好了衣服，仰着头冲出浴室，跑到了房间里躺在了床上。

外婆拿来了棉花球，塞进了我的鼻子里，可是血还在流，又把干毛巾用冰水弄湿后敷在了我的额头上。过了一会儿，我觉得血不淌了，就想把毛巾拿了，可是外婆说不能拿，我听了外婆的话继续躺着。

十五分钟过去了，鼻血不再流了，我把棉花拿掉了。外婆说如果我再抠鼻子，那还会再流鼻血的！因为我还小，鼻腔内的血管膜易破，老用手抠，碰到了小血管就会出血。我一定要吸取教训，管好自己的小手。

看了小东的这篇晴雨表，我深有同感，我也和小东一样特别容易出鼻血，但是在我像他那么大的时候，还没办法写出这样的句子，这么详尽、生动地描绘自己出鼻血的情感。同学们，你们觉得呢：

读读他写的句子，看看他的写法，用了不同的动词，股红的血，雪白的瓷砖，鲜明的对比，感觉更加强烈呢。作家就是这样，在写作中渐渐成长，写作技巧不断娴熟起来，很了不起！

我的房间会变颜色

吴老师您知道吗？我住的房间会变颜色的。

当过年的时候，我们家是红色的。门上贴着倒"福"，挂着中国结，喜气洋洋、快快乐乐、红红火火的。

当我捣蛋的时候，家里是灰色的，家里都没人理我了。

当吃晚饭的时候，家里是绿色的。桌上的菜香喷喷的，有白菜、青菜、空心菜、黄瓜、毛豆，这些菜都是绿色的。虽然我喜欢吃鱼、虾，不喜欢吃素菜，但是素菜里有维生素A、B、C、D、E等，是我们必不可少的，所以我还是当"药"吃下去了。

当晚上的时候，家里是黑色的。夜色漆黑一片，我睡在床上，进入梦乡，做着我的好梦，但醒来的时候，不知怎么回事，梦都记不起来了。

　　像你这样会变的小房间经常总是出现在想象作文里，但是小良描绘的却是现实中的场景，过年时的红色，捣蛋时的灰色，吃饭时的绿色，入夜时的黑色，充满了生活气息。这与小良平时的观察、善于积累有很大的关系，希你这可爱的变色屋。

看秋天

我叫不出名字的水果，哦，我想起来了，姑姑带来了新品种——苹果梨，它的形状像苹果，颜色是嫩黄色的。削开嫩黄色的外皮，如果您咬一口，香甜的汁水就会流出来。各种各样的水果颜色为秋天也增加了色彩。

抬头看千变万化的秋云，有的像一匹骏马，有的像一群绵羊，还有的像一条长龙……真像有位"隐形的魔术师"在指挥云彩演出，我也常常驻足在窗台前观赏。

走在马路上，我会看到一只只"黄蝴蝶"从树上飘下来，缓缓地掉落在地上。个花园里的花都开放了，特别是秋菊，有白的，有黄的，有白黄相间的，有白里透紫的，闻一下，菊花的香味真醉人。

从一枚秋天的水果开始，香甜的苹果梨，再到千变万化的秋风引起驻足观赏和无限遐思，还有秋天的落叶成了一只只"黄蝴蝶"、秋菊，原来让我们有点萧瑟感觉的秋天，在你的描写下温暖而明媚。

有点忙

　　我有一件既高兴又不高兴的事，高兴的是我以年级第一名的成绩进入了奥数班，但不高兴的是奥数班的时间和合唱团的时间一样都是星期二，所以只能选一个。我想来想去还是上奥数班，因为我最喜欢数学，我只能依依不舍地离开合唱团。这次彩排参加特奥会拉拉队，是我最后一次参加了，吴老师您以后不能看到我表演了。

　　我以前也有很多爱好，有画画、弹琴、写毛笔字、唱歌、下围棋……慢慢地一个一个地挤出去，因为时间都不够用了，真想去借点时间。但是，我没有诸葛亮一样神通广大，能借到东风，而我就不能借到时间，觉得很遗憾。

　　看得出你的兴趣爱好非常广泛，而且你学得处处不吃力，但是，由于学习进程的推进，难免会有取舍。有的你的确花时间，加强了专业培训，越学越精进，有的则是成为一种爱好，作为以后闲暇之余一种放松的途径，这些都是很好的。学会协调，学会取舍，明白了吗？小良。

班级里的"鬼"

这几天，班里一直有一个"鬼"在我们班神神秘秘地活动。他胆子大到趁我们不注意，把午饭吃的蛋壳给扔出了窗外，正好被查看的程校长给抓住了。那个"鬼"大概看见程校长害怕了，所以就蹲着身、弯着腰、低着头，溜了出去！程校长不是看见了刚才的景象了吗？就进来严肃地问："谁丢的蛋壳？！"我们全班鸦雀无声，程校长又问了一遍，我们班那些人都说："我没有！我没有！我没有！"

最后，还是没找到这个"鬼"到底是谁？！

我希望那个人快点站出来，要是再不说，我们三（6）班就"完蛋"了！我想：只要勇于承认错误，保证以后不再发生这种事，这个"鬼"就会变成"天使"！

蹲着身，弯着腰，低着头，溜了出去！我喜欢这四个动词，多棒！

小米说得对："捣蛋鬼 快变 天使！"我又期盼着，每天和小捣蛋鬼打交道，真的很可爱，有时难免头疼。希望我们成绩越来越多，越可爱，少些头疼！

作文比赛

后天就要作文比赛了，我的心里很紧张。我把我参加作文比赛的事讲给妈妈听后，妈妈很高兴。她告诉我不要紧张要放轻松，因为只有放松才能把作文写得流畅。

我要认真对待这次比赛，不管我成绩如何，只要尽我所有的全力，发挥我平常的水平，我相信我会取得很棒的成绩。我要多吸取别人的优点，看看我还有什么地方需要改进和提高的。

作文比赛是和同学间互相交流的机会，也是对我的一次考验和锻炼。

我一直记得小凡第一次看到别的同学有奖望，可自己却没有时流露的失望神情，当时还有一种东西打动我，那就是眼神里不服输，也正因为不服输才促使小凡不断学习，不断超越自己，进步如此快。

三年级：苔花米小

发校徽

　　开学到现在，有一件事一直让我心里酸酸的，你知道吗？我告诉你吧，一、二年级发了新校徽啦！新校徽特漂亮，尤其是在阳光照耀下闪闪发光，我总觉得小弟弟、小妹妹们有了校徽神气极了，走起路来也昂首挺胸的。可我们三、四年级学生却没有，只好妒忌地看着那些有校徽的弟妹了。

　　今天，我们刚上完最后一节课，老师让我们好好地坐在座位上，严肃地说："今天我们要发校徽了。"话音刚落，同学们立即兴奋了起来。有的高兴地叫，有的欣喜地不停晃椅子，还有的竟忍不住从座位上蹦了起来……直到老师的"命令"把我们再"按"回了座位。老师把校徽一个一个地发给我们。我终于拿到梦寐以求的校徽了。

　　我真高兴啊！

　　每一件生活小事都会留在小欣然的眼里、心里，欣然后就变成文字，出现在她的"晴雨表"里。一枚小小的校徽，在孩子的心里是那么重要，甚至神圣。我喜欢文章里那个"按"字，把你们兴奋的表现写得那么生动、有趣。谢谢吾欣！爱心学校里有你们，很幸福！

飞

你知不知道"飞"是怎么样的？以前我不知道，现在，我知道了。很小的时候，我就有一个梦想——飞，就像小鸽子，有一对白色的翅膀，只要扇几下，就会飞上天，那种感觉多好呀！

我长大了，更希望自己有一对翅膀，每当早上上学堵车的时候，如果有翅膀，"嗖"地一下就飞到了学校，速度多快呀！

每当要从家里赶到老远老远的姨妈家，出租车也要用上六七十块钱，别说坐公交车，换上几辆，人挤人，到了那儿我都快晕倒了。如果有翅膀，"嗖"地一下就能飞到姨妈家，时间多短呀！

我常常做白日梦，直到有一天，爸爸把我从被窝里给拖出来，说："儿子，你不是想尝尝飞的滋味吗？老爸带你去！"我半天没回过神，要知道，我在家里可是常常因为自己的白日梦被哥哥、妹妹们嘲笑呢！爸爸把我带到了一个车站，我看着——"磁悬浮列车"，我可奇怪了，磁悬浮和"飞"有关系吗？我带着一肚子的问题上了车。

哎呀，飞起来了，从列车启动，我连两边的景物都没有看见，速度把它们都变成了白花花的一片，耳边有一阵"呜呜"声，也不知是什么声音，才几分钟我已经被"运"到了另一个陌生的地方。我傻了，爸爸瞪着我说："怎么，

要不要再飞回去？"我傻傻地点着头，于是，我又"飞"了回去。

我好像一下子明白了过来，原来不在天上也能飞呀！你乘过吗？

以后我也带你去飞一次吧！

飞的感觉真好！

这是一个十岁孩童特有的思维和想象，盼望像小鸽子一样自由飞，飞到学校，飞到姨妈家……而没有想到这是磁悬浮真正实现了我飞的梦想，以幻想到现实，器也了更触动人心。

四年级
方瑭鉴阡

观书有感

〔南宋〕朱熹

半亩方塘一鉴开，天光云影共徘徊。
问渠那得清如许，为有源头活水来。

"半亩方塘一鉴开，天光云影共徘徊"，四年级孩子心中就像朱熹笔下这半亩方塘：小小的，但纯净若镜。字认得多了，书听得多了，道理也得多了，就会把眼睛从课桌延到课桌外，把耳朵从学校且伸到学校外；于是社会上的各种风光物象就像天光云影一样映入了他们的"半亩方塘"之中。可别小看这看似虚幻的天光云影，它们恰恰成为孩子们一生成长的底色。"问渠那得清如许，为有源头活水来"，要让这半亩方塘始终澄澈，就需要老师们不断向塘里输入源头活水，及时地为孩子们答疑解惑。古人说，做老师有"经师""人师"两种；为孩子们注入源头活水的，就是"人师"。

我心中的世界

那张照片至今浮现在我眼前，令我的心久久不能平静。那位南斯拉夫联盟共和国男孩的年龄和我一般大小，可那稚气的脸上布满了层层阴影。他睁着一双充满惊恐、无助的大眼睛，他究竟看到了什么？只见一辆被导弹炸毁的汽车触目惊心地瘫在他身旁，近处满地废墟，远处大楼满目疮痍。他似乎在担心下一次爆炸是否会伤到自己。他像一只可怜的小猫一般，我的心被深深颤动了。

最近，我从报刊上能不断地读到，北大西洋公约组织悍然对南斯拉夫联盟共和国进行了一次、两次、三次……空中打击，造成很多无辜平民百姓生命、财产的惨重损失。那张照片就摄于被炸后的现场。

战争会使儿童面临失学的危险，在他们幼小的心灵上留下难以抹去的阴影，使他们的家人流离失所。可为什么有些人总要制造战争呢？如果"战争"这两个刺目的字能永远从人们记忆中"抠"去，那该多好啊！把用来造飞机和枪支弹药的钱来帮助失学儿童重新跨入学校；把用来开发新式武器装备的钱，用来保护世界生态环境，研究如何阻止日趋严重的大气污染，我们的世界又会变得多美啊！

我心中的世界就该是这样：天空湛蓝湛蓝的，洁白的云儿在天空中自由自在地飘来飘去。大地绿草茵茵，流水潺潺。天空中飞翔着象征和平的洁白鸽子，孩子们在种着橄榄树的宽敞校园里愉快地学习，和睦相处的人们脸上洋溢着祥和的微笑。在地球这个大家庭里，人人过着幸福美满、丰衣足食的生活。

面对照片上的这个孩子，面对那双惊恐、无助的眼睛，我默默祈祷：但愿这一幕再也不要重演，但愿我的愿望能早日成真。

一直觉得，在校园中学习的我们，不能只读学书上的知识，不能两耳不闻窗外事，要适当了解时事，身处和平的我们也要铭记历史，以成大修飞，深受苦难的人们居安思危才能更珍视和平。从一张照片入手，以关注一个他国的同龄人开始，我看见了你的感悟与成长。

我们的世界

早上，爸爸带着我在赶往学校的路上匆匆走着，我一边小跑跟着爸爸，一边胡乱地往嘴里塞着鸡蛋。突然，一阵低低的叫声吸引了我，我不由得停下了脚步。是弄堂里的某个角落里传来的，一个被人扔掉的搪瓷脸盆下面。我好奇地走了过去，拨开脸盆，哟，是一只小猫。只见它奄奄一息地躺在那里，细细的脖子仿佛已经支撑不住大大的脑袋，眼睛也睁不开了，只有从它嘴中传来的那几声细若游丝的叫声才让人知道它还活着，多可怜呀！我忍不住伸过手去，把手里的鸡蛋往它嘴边送，它眯缝着眼睛，大脑袋动了动，仿佛想凑上来闻一闻。我又把手往前送——

正在这时，一个大手"啪嗒"一下打在我手上，打掉了我手中的蛋，吓了我一大跳，也吓了小猫一大跳，它的身子明显抽动了一下。

"要死了，你在干什么？"爸爸气咻咻地站在一边望着我，一把把我拽了起来，不由分说把我带离了小猫。我忍不住回头看它，可怜的它还躺在那里，脸盆又重重地扣了下来。"喵——"它好像在叫我。

可爸爸不管这些。

"不要上课了？要迟到的。你不迟到，我还要迟到呢！这个星期我已经让龙总发现一次迟到了，再这样可惨了！"

"介龌龊的小猫，你不怕弄脏啊！万一有毛病怎么办？

151

我告诉你，狂犬病，猫也可以传染的！"

　　"还把你吃的鸡蛋给它吃，你不觉得脏吗？好了，鸡蛋不能吃了，肚子待会儿要饿的，万一饿坏了，昏过去怎么办？"

　　"啊，你还要把它抱回去，养它，你早上没睡醒是吗？一只猫带回去多少麻烦，吃吃拉拉，都要管！更何况是只病猫！"

　　爸爸还在絮絮叨叨地说着，仿佛一下子学会了妈妈的唠叨。我的心思可没放在听他讲话上，我的心留在那只小猫那儿了。

　　这一天，我常常会想起那只可怜的小猫，它怎么了？它有没有吃我掉下的那个鸡蛋？如果有的话，那它还可以坚持半天，放学我就能去看看它了。

　　放学了，我飞奔出教室，飞奔出学校，飞奔到弄堂。可是脸盆还在，小猫却不见了。我的心里难过极了，可怜的小猫！

　　爸爸，我真有点怪你，其实我们孩子心里的世界是如此单纯，无论对待什么事物，我们的心里有一份单纯、有一份善良，我们真的没有你们大人想得那么多，从一个小小的问题而衍生出无数大问题，我只是想救一救那只可怜的小猫。

　　我耳边仿佛又听见小猫可怜的叫声。

多么善良的小女孩啊！第一自然段写了大圣心急如焚马了发现小猫时的场景，循声细看，小猫的处境牢牢地抓住了你的心。爸爸火烧火燎的语言与后文中你的焦急神情贴合，正如文章所列的，内心的单纯。善良是小孩子心里最直接、最真实的表现，希望小猫已经被好心人抱走了。

两本相册

在我的家中有两本相册，一本是妈妈的，一本是我的，我常常拿出来比较，时不时地炫耀自己的相册，妈妈的那本可比不上我的……

瞧瞧，那是妈妈小时候照的。黑白的照片早已发黄，那时的妈妈穿着一件黑黑灰灰的衣服，式样很老，据说那叫列宁装，穿上它很"革命"，那时的人都兴穿这个。妈妈扎着两个小辫儿，一条皱巴巴的裤子，那样子可真土。特别是脚下的黑布鞋，早已洗得发白了。

看看，这是我四岁时拍的照片。彩色的照片多鲜艳，我有多神气！圆圆的脑袋上扣着一顶海军帽，雪白的帽子配着深蓝色的飘带多漂亮。白色的小上装，一条深蓝色的短裤，再加上白色的运动袜。最帅的要数我脚上的这双NIKE运动鞋，名牌呢！那是我第一次参加画图比赛，爸爸奖励给我的。

再瞧瞧，妈妈照片上的背景。破旧的矮平房子，看上去一片灰蒙蒙的。妈妈的背后还放着一只揭着盖的马桶和一把笤帚，旁边是一只冒着烟的煤球炉。

再看看，我照片上的背景。人民广场上蓝蓝的天，白白的云，可爱的小白鸽都在我的背后，多好看哪！造型独特的上海博物馆，古朴典雅；一到夜晚，犹如水晶宫似的上海大剧院放射着光芒。这都是我最得意的几张照片呢！

我相册中的照片还在增多，妈妈的相册中也开始增加些颜色了。我要和妈妈比一比，看看谁的相册最美……

照片中的景物还在变，还会变，我想它变的不仅仅是一些色彩。

小作者从两本相册入手，把妈妈的相册与自己的相册进行比较，一本记录着些许年前的沧桑，一本描绘着这些年来的更新。这篇文章最大的特色是以一个孩子的口吻，语言来描写这些巨大的变化，让人时不时在字里行间体会到孩子纯真而可爱的心态。对称的格句、段落给你留下了深刻的印象，如"瞧瞧""看看""再瞧瞧""再看看"，黑白的照片，彩色的照片，矮平房，水晶宫似的建筑等等，鲜明的对比、生动的语言，使文章读来极富意趣，再加上含蓄的结尾，引导读者去体会、去回味，浮想联翩。

可怜的乞讨者

我每次练完拉丁舞回家，总会在天桥上看见一位可怜的乞讨者。

他是一位白发苍苍的老人，穿着一件破破烂烂的衬衫，衣着单薄的他被寒冷的天气冻得直发抖。他手中讨钱的铁碗早已生锈，用那可怜巴巴的眼神望着每一个路人，希望他们给点儿施舍。

每当我看到这样的情景，心里都挺难过的，很想帮助他。有一次，我还悄悄地带了零花钱给他。

我希望那些乞讨的人都能拥有温暖的家，不在街头乞讨为生。

小拍是个善良的孩子，路过乞讨的老人也会心生怜悯。

对老人的外貌刻画得很细致，如果能将"有一次……"这段内容深写，文章内容就更丰富了，因为能写出你和老人的正面接触。

请不要违反交通规则，好吗？

今天有一件事情让我很不开心。因为今天在妈妈开车的时候，竟然有很多人违反交通规则，现在不仅是车插道，连骑在摩托车上的人也敢插到车行道里来了。这令爸爸很恼火，他狠狠地批评了摩托车上抢道的人。看着平时一向好脾气的爸爸，很难得有那么激动的时候，你就可以想象那个插道的司机有多过分了。至于我嘛，我既恨他，也很担心他，我担心他被其他的车撞倒，要是真被车撞倒了，我也只能说他是害人害己了。

我想呼吁那些大人们，你们是孩子的榜样，要是你们都违反了交通规则，那怎么教育你们的孩子呀？我每次看到这种不文明的行为时，都恨不得让妈妈采一个麦克风时时刻刻地提醒他们：请不要违反交通规则，好吗？

你是一个非常有社会责任感的孩子，确实，违反交通规则给我们出行带来不便，更是埋下了危机，可以和小伙伴一起讨论一下，有什么可行的建议，我们再来试试，好吗？

不同

市中心就是市中心，与众不同。

比如，昨天我去宝钢吃饭，一上高架，汽车像一条弯弯曲曲的长龙，向前缓缓地移动着，尽管驾驶员情绪愤怒，重重地按喇叭，可是毫不起作用。到了快要进宝钢时，高架上空空荡荡的，仅有的几辆车像脱缰的野马飞驰着。我们还是不紧不慢地开着车，毫不心急。

市区的高架上灯光灿烂，车辆在前行，而一盏盏灯仿佛向我抛了过来，竟有些刺眼，马路上亮堂堂得像白天一样。可是到宝钢附近，高架上灯光暗淡、柔和。再往前开，灯显然少了，黑漆漆的。

市区内都是高耸直立的大楼，且每幢楼上都有令人赞叹的霓虹灯，到处都是生机勃勃。而宝钢呢？大部分都是矮屋子，灯光稀少，一片沉寂。

同样是上海，感受却不同。

大家可以看到，小昭逸的文章渐渐"成熟"起来，他好细观察，并善于将两者进行比较，将两者之不同描写得十分细致。

拔牙

今天，我的一颗乳牙动了，我一吃饭，牙就钻心地疼，使我食不甘味。我想起了以前的情景。

那个时候，我还在上幼儿园中班呢！我有一颗新的恒牙在萌发，可是旧的乳牙还纹丝不动，妈妈只能带我去医院拔牙。穿白大褂的医生让我坐在一个白色的椅子上，我环顾四周，桌子是白的，椅子是白的，墙壁也是白的，我好像来到了一个白色的恐怖世界里。我的心里害怕极了，跳起来，拔腿就想逃。妈妈一把拽住我，说：别害怕，医生拔牙一点也不疼。我这才放下心来。只见医生用棉花蘸取了一些神奇的药水，在牙齿上擦了擦，又拿了把大大的钳子，伸进我的嘴里，一眨眼的工夫，牙齿就拔了下来。

记得还有一次，我上小学一年级时，我的一颗乳牙已摇摇欲坠了，可是它就是硬赖着不下来，疼得我到了拒绝吃饭的地步。妈妈却不肯带我去医院，说是医院拔牙太贵，而且这颗牙齿完全能自己解决。说完，她拿起了一把大钳子，用药水棉花消了消毒，就要来给我拔牙。我说："那么神奇的麻醉药水呢？"妈妈用棉花装模作样地吸了点水，在牙齿上擦了擦，可我的牙齿还是疼得厉害，我这时才明白妈妈在用白开水冒充麻醉药水来哄我。我大哭起来，硬是不要妈妈拔，又生怕妈妈把大钳子伸到我的嘴里，所以我的嘴巴紧闭得像上了锁一样，只能发出"唔——"的哭声。我哭了整整一个小时，所以哭的眼泪早就可以洗脸了，妈妈只得作罢。第二天一早，妈妈给我吃早点——蛋糕。我咬了一口，咦？蛋糕上怎么有一颗小珍珠嵌在上面呢？仔细一看，是一颗牙齿，我不相信自己的眼睛，急忙跑到镜子前，张大嘴巴一瞧，就是昨天折腾了我半天的那颗牙齿。我不禁哈哈大笑起来，原来让牙齿掉下来这么容易，简直不费吹灰之力。

　　今天我的一颗乳牙又松动了，妈妈见状又要帮我拔，我忙把手一摆，说："今天我自己来消灭它。"说完，我把手伸进了嘴巴，又是抠，又是挖，费了九牛二虎之力。哈！牙齿终于拔下来了！妈妈不由得大声表扬我："你真行。"我得意地说："区区小事，何足挂齿。"我毕竟长大了嘛！

　　每次沁心的文章都很长，讲述一件事都非常完整，一些日常的生活小事都能够在你笔下成文，且看，尤其是细节刻画，同龄人容易忽略的环境描写，你都能够注意到。这篇文章里写到三次拔牙经历，分别是幼儿园、小学一年级和这次，详略要分一下，重点就我今天这次更好些，能突出文章提到的"长大了"，三次拔牙的侧重点均为心理的变化，从小时候的"恐惧"到"便茂"到现在的"坦然"，张弛的心理感受，这样更好写些。

保管信箱

昨天，爸爸、妈妈给我一个艰巨的任务，就是每天取信。他们把信箱钥匙交给了我，而且还千叮万嘱地说："拿报纸的时候千万别把信和账单给掉了，不然的话家里很多重要的信息就丢了。"我点了点头。

放学回家，我心里一直惦记着信箱的事，我感到又兴奋又担心，兴奋是因为我是第一次接受那么艰巨的任务，以前只是爸妈让我去拿信，现在我不仅自己拿还要保存好钥匙呢！担心是因为我害怕把一部分重要信件丢了，回去不好交差。

终于，我把塞得满满当当的信箱打开了，只见那些报纸们好像在说："快放我出来，里面太挤了。"我似乎听见了它们求救，把它们取了出来，看看信箱空了，地上也没有什么信件掉下来，就放心地上楼了。

这是一个"艰巨"的任务，让小精灵兴奋而又担忧，一定要认真完成，看了你的描写，我要大大地表扬你！

我想有个宝葫芦

　　不久前，我看了电影《宝葫芦的秘密》。从那以后，我就也想拥有一个神奇的宝葫芦。

　　我想用宝葫芦治好吴老师的嗓子，让吴老师的声音不再沙哑；我想用宝葫芦变一架卡飞机，载着爷爷和奶奶来到上海；我还希望宝葫芦变出一个巨卡的足球场，让"卡球迷"爸爸尽情地遨游在足球的世界里。

　　虽然我非常想拥有魔力无边的宝葫芦，但是我决不会像《宝葫芦的秘密》中的王葆那样不劳而获！

　　要想把这段文章写得更具体，不妨就宝葫芦，只要我们小物物动动小脑筋，我来写一段试试。我把它写在校园网上吧！

　　这两天，吴老师的嗓子哑了，看见她用电脑打字来给我们上课，我们都觉得很新奇，但是更多的是担心，我多希望有一个神奇的宝葫芦啊，它神通广大，一施

法术，吴老师那婉转似莺啼的嗓音又会出现在课堂上了！

大半年没看见爷爷、奶奶了，不知道他们好不好，我常常会想起和他们一起的日子，他们非常爱我。我多希望有一个神奇的宝葫芦啊，它神通广大，一施法术，爷爷、奶奶就会出现在我的面前，继续疼着我这个"小鬼头"！

"嘿！好球！"老爸的声音又快掀翻屋顶了，他特别喜欢足球，但没法场场都到体育场去吼上一嗓子，我多希望有了神奇的宝葫芦啊，它神通广大，一施法术，老爸就能现身足球场，和着场内的欢呼声，为运动员加油助威！

一个人在家

我完成了功课，开始打扫房间。我先把地上的灰尘扫得一干二净，然后将窗户擦得光光亮亮，最后我把自己的书橱也整理得整整齐齐。

做完了家务，我在床上舒舒服服地躺了一会儿。突然，"叮零零"电话铃响了。我一翻身，差点从床上掉下来。我接起电话一听，原来是爸爸。他告诉我奶奶和他已平安抵达福州了。我听了以后，真希望他们早点儿回上海。

一个人在家，虽然很忙碌，但是也很寂寞。

喜欢最后那一句，很真实！

爸爸、妈妈，其实很多孩子都很寂寞。

肠胃炎

　　一天早上，我醒来时肚子非常疼，疼的时候一阵阵的，就像有成千上万条虫子在咬我的肠子。我先忍了一会儿，最后实在忍不住了，不得不强忍着疼痛，走向妈妈的房间去告诉她。

　　我实在太痛了，所以根本顾不上敲门，直接冲进妈妈的房间说："妈妈，我肚子好痛呀！"妈妈一听，马上像着火一样地把我送进了瑞金医院。

　　医生一番检查后说我得了肠胃炎，回家后只能吃粥，还有就是以后不可以乱吃东西。医生又给我配了一些止痛片。这次就是因为我乱吃东西才引起肚子疼的，所以我以后要管好嘴巴。

　　小绿肚子疼的感觉描写得非常好，但是看了师感心疼，现在情况怎么样，好些吗？

　　就文章而言，如果你能够再写一写究竟是怎样乱吃东西才引起的，文章内容就更完整了。

妈妈要出差了

妈妈要出差了，虽然只有短短的十天，但是我还是会很想念她。

我小时候，妈妈几乎对我寸步不离，无微不至地照顾我。等我稍大一点后，妈妈开始上班了，我就不太习惯，整天吵吵闹闹，弄得妈妈也很伤心。后来我又渐渐适应了，但是还是不"批准"妈妈出差去，所以妈妈放弃了很多出国进修的机会，其实妈妈也不舍得离开我。

现在，我已长大，虽然我想和妈妈朝夕相处，但我也能忍受和妈妈暂时分离的伤感。我会更自觉地学习，不让妈妈担心，不让外公、外婆受累，毕竟我快十岁了，妈妈说我确实长大了。

小时候，妈妈对我无微不至的照顾，甚至放弃了工作。等渐渐长大了，除了不"批准"妈妈出差，妈妈可以去工作了，向现在允许妈妈出差，体谅她的辛苦。文章不长，却能真切地体会到宝贝的成长，真是一个懂事的乖孩子。

吃饭

星期天，我们去西堤牛排吃饭。到那儿，一片喧闹声。我用"火眼"一扫，每个座位上都有人。我们只能排队等候了。

不大一会儿，我肚子好像在抗议，"咕咕咕"地叫着。可是，看看座位上吃得津津有味的人们，看来我肚子的"抗议"还要持续一会儿。终于轮到我们了，我几乎跳了起来。一坐下，我就拿起菜单看了起来，还不时问问家长，真恨不得把所有没吃过的都点上一遍。第一道菜上来了，我像一位"沙漠旅行者"见到了"绿洲"，牙齿格格地响着。菜到齐时，我早已狼吞虎咽起来了。嘴巴没停过，吃到一半我肚子就"满"了。我想出去走一下，家长点头同意了。我走了一圈回到座位上，肚子顿时也舒服了。我又开始津津有味地品尝点心了。

拟人、比喻，这些修辞手法在小脱兔的文章中经常可以看见，生活气息浓郁，他的文章常常让我们觉得他仿佛就在我们身边，或吃，或玩，或闹。

长不高

　　我长得不高，而且已经三年级了，我还是被别人"萝卜头""奶毛头"地叫着。

　　昨天晚上，爸爸回家高高兴兴地说他请教了一位专治小孩子长不高的专家，专家提出了三个要求：第一，平时每天坚持跳一百下，以后再慢慢增加；第二，每天多喝牛奶，渴了就喝；第三，每晚保证九点半以前睡觉。昨天，我就和爸爸进行了这个计划。我和爸爸先进行了摸高，我居然摸到了1.9米，接着又做了十个俯卧撑，我一开始不会，爸爸托着我的腰，还不停地说等我练一段时间以后，我就会做得很好。我希望这个计划成功。

　　一定能成功。吴老师以前在班里排第二了，挺矮吧？我妈妈教我天天跳摸病腿，并列工记号，每次都要超过前一天记录，这样我就长高了，是吗辉：就在我不长高吧？你也试试！

生病

　　到了学校，我休息了一会儿就上课了。老师还是跟以前一样发下了一张卷子让我们做，我十分钟就做完了卷子，可是此时我觉得自己的胃里正在翻江倒海。我举起手，还没等得到老师的同意，就说："我想吐。"然后我就冲出了教室，还好我跑步速度快，要不然教室的地板就遭殃了。我跑到厕所就"哗"地一下吐了，我样子很狼狈，跟《淘气包马小跳》里的巨人阿空吐的样子一样。由于老师让我们做完卷子以后要对一下，我不想耽误这个时间，所以我又用用跑回了教室。尽管我用了最快的速度，可是老师已经把卷子讲解了一大半，我只能听一个部分答案。但是没想到，我竟然还得了90分。

　　下课了，妈妈来接我的时候，说我脸色很不好。当她知道我吐了却仍然坚持上完了课，担心极了，连声问我："你现在还想吐吗？"我回答道："我想。"然后又跑进了厕所，又吐了起来。其实此时我已经什么都吐不出了，只是觉得胃一阵又一阵地抽搐，难受极了，看来我以后要多多保护胃啊！

　　一次事件不道从我一篇清真意的小好文章，也是美老师都心疼！

迟到

　　"到了，到了，终于到了学校！" ① 校门口不再是那么车来人往的热闹，楼梯上来来往往的同学也不再那么多了，教室里早已坐满了同学。八点十分了，我迟到了。②

　　今天早晨，我还在甜美的梦乡中，似乎听见妈妈叫了我一声，可我翻了一个身，又进入了梦乡。曚曚眬眬中，我又听见妈妈叫了我一声，我随即应了一声，继续做着仍未完结的"美梦"。第三次，妈妈只能把我推醒，我无可奈何、磨磨蹭蹭地起了床。吃早饭时，我细嚼慢咽地吃着早餐，③ 妈妈终于忍无可忍，恼了，自己背着包上班去了，把我扔在一边。我 ④ 赶快叫醒了爸爸，爸爸揉着惺忪的双眼，⑤ 动作利索地穿好衣服，⑥ 送我上学。到了校门口，我纵身跳下，飞跑进去。就在我走进教室的一刹那，几十双眼睛齐刷刷地盯着我，我低下头，脸发烧了，我是那么的惭愧，那么的后悔，我多么希望地下有一个洞能钻下去。如果那时我早点起床，快点吃早餐，那该多好啊！

　　迟到是难堪的，迟到是丢脸的，迟到是令人讨厌的。迟到是一种不良的表现，是一种懒散的表现，是一种胸无大志的表现。⑦

① 我背着书包，飞跑几步，冲向校门。

② 我不由恼恨起自己来……

③ 犹如在细品着美味佳肴，

④ 我这才一惊，发现七点五十五分了，

⑤ 一听到我迟到了，不由也紧张了起来，

⑥ 把我"扔"上了助动车，风驰电掣地向前冲去。到了校门口，我纵身跳下，飞跑进去。

⑦ 但愿我不再迟到。

看见老师的修改了吗：能够抓住你生活中的小事，这样洋洋洒洒写上一大篇，真不容易。现在你也小事不会觉得写文章是一件困难的事了吧，因为材料就在我们身边呀！

铃声

①走进校园最常听见的就是这清脆的铃声，每一次的铃声是那么的相似，又那么的不同。

清脆悦耳的铃声意味着语文课开始了。②老师不仅讲解课文内容，还让我们了解了许多课外知识，我们时而缅着历史的长河飞向遥远的古代，时而随着无尽的畅想奔向神秘的未来，我们像一只只小蜜蜂在花海采集花粉③。这不，老师又在给我们讲《巴黎圣母院》了④。

最令人苦恼的铃声是属于数学课的。那一道道看似简单的数学题，做得那么得心应手。然而，做练习，上黑板演算时，老师那鲜红的"☆"却总和我无缘，最让我烦恼的是数学考试前的铃声。不知什么时候，100分和我成为朋友。

社会课老师总是让一位同学在两分钟预备铃时来管理课堂纪律。⑤我觉得自己的表现是那么好，可老师为什么不让我来管理呢？真是有些受委屈。社会课的铃声是酸溜溜的。

又一声铃声催我到了操场上，我不再想那么多了，到了让我又爱又恨的体育课了，面对篮球使我爱不释手，⑥可面对难以达标的要求犹如一道道关卡，50米跑步，仰卧起坐，扔实心球……使我望而生畏，体育课的铃声是那么有滋有味，又有一点辣味。

唉！这铃声有说不尽的滋味。但无论铃声是什么滋味，

它就像命令，像军人面对军号声一样，告诉我一节课即将开始了⑦……

① "叮铃铃——"

② 随着老师抑扬顿挫的声音，我不久就沉迷在文章的优美的意境中了。

③ 又像一条条欢快的小鱼在知识的海洋里嬉戏。

④ 让我们无限神往地追逐着老师的身影，老师的眼神，老师的话语

⑤ 到那些时，我便把腰杆挺得直直的，嘴巴也闭得紧紧的，满怀信心，满怀希望地盯着老师，期盼地像"左右成盈"般魔杖的手指点着中我。

⑥ 我设想配录姚明那样跳跃上投篮。

⑦ 该以饱满的精神投入了

这篇作文老师修改的地方有这么多，读一读，有不明白的地方来问问我。一阵阵上课的铃声听上去是一样的，带来的是一节节给你不同感受的课，写得很有意思。

获奖后

　　当我荣获了上海市现场作文一等奖后，我的零花钱大幅度上升。原来老爸听了后心花怒放，不但给了我零花钱，还请我吃了肯德基的"缤纷全家桶"，我还得到了一个圣诞礼物——一个雪人蜡烛。妈妈知道了这个消息后眉开眼笑，不但给了我半天休假，还给了我两本作文书，五本本子，四块橡皮。阿舅知道了这个消息后，把我抱起来没把我给亲死，送给我一只会晃脑袋的Hello Kitty，我爱不释手。

　　如果让我在这些礼物里面选一个最好的，最喜欢的，我会说："这些我都喜欢！"但是我也有苦处：当我老爸知道小林也得了一等奖，问我是否其他学校也有一等奖。为了保住明天早上的一顿肯德基不被取消，我死缠着爸爸告诉他其他学校没有一等奖，爸爸点点头。获奖的感觉真好啊！以后我一定要把作文写得更好，争取以后获更多的一等奖！

　　吴老师的话：但是如果小洁沾沾自喜，那可不行，另外如果你不好好练字，下次一等奖就飞啦！

　　小洁说：吴老师，我不应该骄傲，学习只是刚刚开始，我还要加倍努力；字更应该写得仔细、认真。

　　家长说：吴老师，看到您的留言，我知道了，谢谢您！祝您和一中心所有的老师新年快乐！！

雄心不已，拼搏不息

合上了书本，我的眼前似乎还有那头秃尾巴狮王晃晃悠悠走路的身影，一点儿没有犹豫，一点儿也不彷徨……

说实在的，看这本书时正是我最苦恼、最失落的时候。那天，班上选举第十五届少代会代表。我是一个上进心强，自尊心更强的男孩，真想自己能当选为少代会代表。虽然经过我一番努力，但最终还是没有被选上，心里怪不是滋味的。

我回到家，望着天花板发呆，当妈妈了解了这件事后，什么也没说，只是在我床头放了一本书。那晚，我翻开了这本《秃尾巴狮王》。

一只纵横草原十几年的老狮王被赶下了台，他愤怒、心酸、彷徨，但衰老却是它最终不得不承担的事实。怎么办呢？就此自暴自弃，还是留在狮群中安享天年？老狮王选择了另一条路，他自我放逐，流浪草原，自食其力，以自己的胸怀品性，赢得几只狮子的厚爱。他和这几只老狮子、小狮子斗野牛，猎长颈鹿……创造出威震草原的业绩。

我被秃尾巴狮王的故事深深地感动，冷静想想自己，对啊，我平时为班级做事还不够积极，和当选同学相比的确有差距。想到狮王，他因年老体弱而下台，却仍然雄心不已，拼搏不息，不甘庸碌无为，仍发光发热。这正如一股无形的、巨大的力量鼓舞着我，让我受到了启示：遇到了挫折要有勇气跨越，应以自己的实际行动，多为集体做好事，去赢得大家的信任才对，名誉、地位是其次的。想到这儿，我坦然了。

　　"那吼声是苍老的，却惊天动地，久久地在草原的夜空中回荡。小伙计把这吼声记了一辈子。"我也将记一辈子：无论如何，都要雄心不已，拼搏不息。

　　读后感开头不好写，如果仅仅叙述看书后的感受，总会让人觉得干巴巴。而尔刚刚经历了少代会代表落选这事，所以结合生活实际才让你的感受真实而容入，或必要去看看这本书。

体育课上吃西瓜虫

　　今天在体育课上又发生了一件跟西瓜虫有关的事。在体育课上，小s和小t在花坛边抓西瓜虫。小s对小t说："你把西瓜虫吃掉！"小t听了，说："我就不吃。"然后，小s又一遍遍地跟他说。不知为什么，小t最后还是硬着头皮，痛苦地把这个弱小的生命吃掉了。只见他脸色发青，肯定是难受极了。不过我还是要对大家说："要保护小动物，就算再小的动物也是要保护的。"

　　其实我倒不是关心小西瓜虫，我担心两个小家伙，一个小捣蛋，一个小糊涂蛋，真担心吃了这东西拉肚子。下课都到我这里来报到，让我挺查肚子！！！

走盲道

一天，我、外婆、妈妈和姨婆去吃麻辣烫。在去吃麻辣烫的路上，我一直沿着盲道走。外婆就提出说："你闭着眼睛走走看。"我说："好吧。"我就闭着眼睛走了起来，可才走了几步就"出轨"了。姨婆差点把我刚才的举动说成了笑话，幸好我说了一声："停，让我再来一次。"这次我偷看了一眼，被姨婆发现了，她又说："你偷看一眼看得到前面，可盲人偷看一百眼他也看不见啊！"

有了今天这次体验，我知道了盲人的痛苦，我以后一定要多帮助特殊人群。

尽管盲道是我们应该保护的设施，但是你通过这件事能够懂得盲人的艰辛，我觉得还是可以的。所以我们更要关心特殊人群。

"淘气包"马小跳出现了

吴老师，您知道吗？我们班也有"马小跳"，他的真实姓名叫小凡。因为他一直为别人打抱不平，一直跟人"战斗"！他很聪明也很顽皮，所以我觉得小凡非常像"淘气包"马小跳！有时他会顽皮，不听老师的话；他会在危急的时候想出好办法；他的学习成绩也蛮好。有一点不像马小跳的就是：他没有经常被某个老师请家长到学校来谈话！我想，吴老师也觉得小凡有点像马小跳吧！

"马小跳"还是书本里的人物呢！而小凡，总比真实，实实地出现在我们眼前，让我欣喜的是，小凡在你的眼中有不足，也有优点，能这样完整地看待身边的小伙伴，多好啊！

冤枉

今天我很不开心，因为我在美术课上画了幅很好看的画。老师还说让我去参加比赛呢，要我画在一张卡纸上。我放弃了一节体锻课才把那幅画完成的。

下午第二节课下课时，我特地把那张画纸小心翼翼地放进了书包，然后去了厕所。当我回来后，发现好几个人围在我的桌子旁边，我马上去看，原来我的画被撕了。我问了不少同学，他们都说是小W撕的。我只是去问他原因，小W就哭了。这时他妈妈来了，他妈妈也没问情况就告诉了贾老师，我感到很冤枉。

像书上说那样去解决事情，可以先与小W联系，弄清楚情况。如果能可以解决就能妥善地解决。如果遇到困难，情情未问成，我教你，好不？

吃汤圆

今天，我一早起来就闻到了汤圆的香味。我刷完牙，洗完脸，就坐到饭桌前。

不一会儿，奶奶笑眯眯地把热气腾腾的汤圆端了出来放在我的面前，热气像一个顽皮的孩子一直往我脸上"跳"。

我早已饥肠辘辘，用汤匙舀起一个汤圆，一口咬下去，真甜，糯糯的米粉，甜甜的黑洋酥，味道好极了！可是好景不长，当我咬第二口时，汤圆像一个小皮球从我的勺子里滑了出去。我无可奈何地把汤圆扔到垃圾箱里。吃第二个时，我吸取了教训，先把外面咬出一个小洞，然后把馅儿都吸掉，像吃个筏包那样，真带劲，最后再把外面吃掉。

我一口气吃了八个。奶奶告诉我，元旦吃汤圆就代表着全家人团团圆圆，平平安安。

文中"热气像一个顽皮的孩子一直往我脸上'跳'"这个"跳"改为"扑"字更为妥当。

文章不长，却很让人动心。很喜欢这种极具生活气息的小文章，非常可爱。

争功

又是晴朗的一天，书房里传来阵阵争吵声。原来是被人称为"文房四宝"的笔、墨、纸、砚在争论，你听：

墨块欣赏着墙上的墨宝骄傲地说："你们看，墙上的墨宝为什么不叫笔宝、纸宝、砚宝呢？为什么要叫墨宝？所以我认为我的功带最大！"

笔怒气冲冲地大喊："什么墨宝不墨宝的！你不用我蘸、不用我写，你是不可能画出美丽的墨宝的！所以我认为我的功带最大！"

砚板着那铁青的脸说："什么笔、墨、纸……墨块，不是我说你，如果你不是在我身上磨，也是不能画出墨宝的！所以我认为我的功带才是最大的！"

桌子听了说："那你们自己各画各的，谁在一个小时内完成，谁的功带就最大。现在，开始！"

笔在桌子上东蹦西跳地没有地方蘸墨；纸呢，在桌子上飘来飘去无法写字；砚躺在桌子上一动也没动；墨在空中扭来扭去却没有颜色……

桌子又说："你们合作画一幅美丽的画试试。"

只见墨一下子跳到砚上高兴地磨来磨去，笔的头发上蘸了一笔又一笔的黑墨，在纸上写了六个又黑又大的字："团结就是力量！"

写童话也是一个练笔的好方法，因为它可以培养我们丰富的想象力，而且童话的人物形象鲜明，往往比较有特点，能够通过语言、动作、神态的具体描写来使人物的特点更为突出。

桂　源　铺

[南宋]　杨万里

万山不许一溪奔，拦得溪声日夜喧。
到得前头山脚尽，堂堂溪水出前村。

"万山不许一溪奔，拦得溪声日夜喧"，经过了初一、初二前四年日以继夜的耳提面命，孩子们终于跌跌撞撞地来到了五年级。五年级的孩子在小学里是最特别的——个子、心智都已悄悄迈入了一个新阶段。在这个阶段，他们试图摆脱"小孩"这个标签，他们有太多话，总要用各种方法去证明他们已经不一样了。但"成长的烦恼"也就在此时悄悄向他们袭来，如影随形。这一年，老师可能就不能仅仅是围了。顺其自然，"到得前头山脚尽"是办不到的，拿起斧凿，园丁就要变成开山工；只有为孩子们疏顺前路，劈开胸中万山，溪水才能堂堂间出得前村。

戒不了烟的外公

我的外公60岁了，红光满面，一天到晚乐呵呵的。别人说外公身体好，我觉得外公样样都不错，可就是一样不好——抽烟。

外公烟瘾很大，一天抽五六根。我外婆整天都在唠叨："你该戒烟了，烟里有尼古丁，毒素很多的。"外公总是拿着烟，含含糊糊地说："慢慢戒，慢慢戒。"哎，这"慢慢戒"不知说了几百万遍，却半根也没戒掉。外婆对我说："你也不监督一下你外公！"嘿，外公不戒烟还说我呢！不过，有一段时间，我确实成了外公戒烟的小监督。我知道劝外公没有用，干脆就偷偷把外公的烟藏起来。可外公丢了一包，又买了一包，开销大了，烟还是没有戒掉。我又用罚钱的方法让外公不吸烟，可他情愿罚钱也不肯停止吸烟。我真拿他没办法，只好向外婆打了一份辞职书，不管了。

看，这不，外公又开始在屋里污染空气了，还说什么"饭后一支烟，快活似神仙"。左一根，右一根，烟缸里装满烟头。当外公从卫生间出来时，你根本别想进去，因为烟雾缭绕会让你迷失方向。你得先开排风，才能避免咳嗽不止。我看着袅袅升起的烟圈，像一条条猛蛇，真令人担忧！

外婆和我常常被浸在烟海里，又没有办法，只好唉声叹气……

一天，吃完了午饭，外婆又唠叨起来："你该下决心……"话还没说完，外公抢着说："慢慢戒，慢慢戒。"正说着，把一支烟往嘴里一塞，摸出打火机，点燃了烟，转过头去，喷出了一口烟雾。我和外婆无可奈何地相望着，任烟雾在空中缭绕。

怎么办呢？怎样才能帮助外公戒掉烟呢？这可成了世界上最烦恼的问题了！

因为从小养在外公，所以对于外公的大烟瘾总是真真切切感受到的，到了开会的时候，议程尚未过半，烟缸已满！其中用了各种的手法，也或排经烟雾缭绕真的会让人迷失方向。看来我们还得想点办法，开个家庭会议，群策群力，非要让外公戒烟不可，为了他的身体健康。

爷爷变了

爷爷原先是个沉默寡言的人，不仅不爱说话，连笑容也很少。我每天放学回家，总看见爷爷不是坐在沙发上阅阅地看书、看报，就是站在窗前看着楼底下的孩子们玩，再有就是拿上个板凳坐到弄堂里，把一个小半导体开得老响……

可这阵子放学回家，我却很少看见爷爷的身影，他整天忙碌个不停。他在忙什么呢？我悄悄观察着。我觉得爷爷变了。瞧，他每天穿戴整齐，刷亮皮鞋，不是去街道参加老年交谊舞队，就是忙着去公园里的京剧角哼上几句。有一天，我看见爷爷正聚精会神埋头写着什么，写写停停，我凑过去一看，原来他在写"老人联谊会串联词"呢！

爷爷变了，变得爱出门了，爱说话，爱笑了。一个星期天的早上，爷爷起得很早，穿起了雪白的衬衫，崭新的西装、皮鞋，兴奋地对我说："琛琛，走，爷爷带你去一个地方。"我兴致勃勃地跟着爷爷来到一幢房子前，上面写着"老年社区活动中心"。一进门，哟，好热闹，只见老人们三五成群，有的下棋，有的打牌，有的喝茶聊天。这里的老人个个红光满面，神清气爽。爷爷拉着我走进一间房间，一幅红色的标语上写着：京剧演唱比赛。原来，爷爷是来参加业余京剧演唱比赛的，今天我可以一饱耳福了。爷爷准备了一会儿，就轮到他唱了。他大大方方地走上台，整理了一下衣服，唱了起来，唱得是那么的入神，那么的清晰流畅，真没想到爷爷有这么一副好嗓子，跟以往磁带里放的差不了多少呢！虽然我不爱听京剧，却也给迷住了。爷爷每唱一句，台下的人们就叫一声好，而我也跟着唱，连手掌也拍红了。评分结果，爷爷得了二等奖，只见他兴冲冲地走上台去领奖。好多日子没见爷爷那么高兴了，我真为爷爷自豪。

爷爷变了，我真喜欢改变后的爷爷。他整天容光焕发地出门，他爱在晚饭时说说一天里发生的事，他甚至讲起了笑话。爷爷变了，变年轻了。我真希望爷爷能永远这样开开心心，永远带着微笑。

看惯了农村堂里摆着籍闲吟人聊天的老人，看惯了农家里伴着电视机的老人，他们是多么需要人陪伴，他们是多么寂寞，所以看到了你的文章，看到了完全脱胎换骨的爷爷，我感到由衷的高兴，希望更多的爷爷、奶奶、外公、外婆的老有所乐、所迷。最重要的还是要有家人的陪伴，这比任何激励更打动老人的心。

爸爸不再闯红灯了

我的爸爸已是一个四十多岁的中年人了。他黑黑的皮肤，高高的个子，有点胖，戴着一副眼镜，说话慢腾腾的，看上去可斯文了！可是有时为了赶时间，他也会闯红灯。

闯红灯可不是一件好事情，它会使你冒失去生命的危险，所以千万不要为了争短短的几分钟，而遭致死亡或残废的后果。我不知提醒爸爸多少次了，可他总是回答我不要紧，不要紧。我真拿他没办法。

记得有一天早晨，我爸爸因为一方面要送我上学，另一方面又要上班，所以也就不管三七二十一拼命地骑车。骑到重床南路的高架桥时，正好是黄灯翻红灯的时候，爸爸好像没看见，照样飞快地骑着。这时，对面正好有一辆转弯的汽车开过来，这辆车不停地发出"呜、呜"的喇叭声，可爸爸却像没听见似的，仍然自管自骑。只听"呜"的一声，我只觉得脑子一片空白，两眼乱冒金星，爸爸也吓得差点从自行车上摔下来。我慢慢地睁开眼睛，只见这辆车离我们只有一点点距离，眼看就要撞上了。这时司机从车里走出来，警察也走过来，周围看热闹的人也围了过来。警察教育爸爸说："不遵守交通规则，闯红灯会使你冒死亡或残废的风险。红绿灯是交通指挥灯，红灯是停止的意思，绿灯是行驶的意思。如果是红灯，那你应该停车。你看见了吧，多么危险啊！差点你和你的孩子都有生命危险。为了你和你的孩子的安全，以后一定要遵守交通规则。"爸爸听了点了点头，说以后一定不闯红灯了。

　　通过这件事后，爸爸不管是送我上学，还是上班，每次都自觉遵守交通规则，看见红灯都自觉地停下来，等绿灯亮了再走。我坐在爸爸骑的自行车上也感到安全了，爸爸他不再闯红灯了。

　　因为有了切实感受，才会那么恐慌，中间加一段描述让人看了心惊胆战，后怕不已。或估计当时你的心跳一定已经超过一百，可能你也无暇看见，脸色也一定吓白了。可以加入周边人的话语、动作来强调当时的危险。如有任何惊起或心跳上块速率，不经地询问我有没有受伤，一边责怪爸爸闯红灯，吓坏了我……"这样写，念了吗：

　　不过真的要提醒爸爸，千万不能闯红灯！

我和奶奶的"小矛盾"

我的奶奶已经是一个七十多岁的老人，她的精神很好，梳着一头光亮的银发，额头上皱纹不多，眼中燃着幸福的光彩。上星期，奶奶买了一台崭新的遥控电视机。可是这台电视机不争气，没买多久就坏了，这下奶奶可急坏了。

我的奶奶是一个酷爱看电视的老人，像《逃之恋》《梦圆何方》等电视连续剧她每集都爱看。可是现在她不能看她喜欢看的电视剧了，奶奶是个电视迷，她不得不到我们房间里来看电视。这下我可惨了。因为平时我每晚总要复习功课，现在奶奶要到我们房间来看电视，就会影响我复习功课了。如果不给奶奶看，奶奶要生气的。那可怎么办呢？

晚上，我正在聚精会神地背英语单词。这时，奶奶从小房间里走出来，笑眯眯地对我说："我想看《逃之恋》，好吗？"我对奶奶说："我要复习功课。"奶奶说："我要看电视。"就这样我和奶奶争起来了。这时爸爸对我说："别争了。你到里面去做功课，奶奶在外边看电视。我心里非常生气。我想：是奶奶看电视重要，还是我考试重要呢？我拿起书，噘着小嘴走进了房间。爸爸好像看透了我的心思，便也跟着走进来了。爸爸教育我说："奶奶已是一个七十多岁的老人了，她喜欢看电视，这次她买了一台新彩电，可没用多久就坏了。她心里已很不高兴，你应让她看电视。这样她会高兴的，你这样也是尊敬和照顾老人，你说对吗？"我听了爸爸的话，肚子里的气也没了。

　　奶奶看完电视走进来问我："你复习得好吗？"我点了点头，高兴地说："我的英语单词都背出来了，不信您考考我？"奶奶也笑眯眯地说："我的电视剧也看完了。

　　说是"矛盾"，其实真的不大，而且完全可以解决，你的自律、自觉地学习，真好！而奶奶也确实如爸爸说的，尽情地去看电视，去有娱乐的生活。错时安排、合理安排，化解小矛盾，大家都开心。

外婆"驾到"之前

"叮铃铃"，一阵急促的电话铃响起。妈妈接起了电话，与对方交谈了几句，便挂上了电话，严肃地对我和爸爸说："下午，外婆要来了，大家快各就各位吧！"

为什么外婆还没"驾到"，我们就这么紧张呢？原来外婆有洁癖，爱清洁。平时外婆来到我家，刚跨进门，就一边絮叨着这里不干净，那里不整洁，一边提着簸箕、扫帚、抹布、拖把，从四处角落到墙壁、桌面……最后还总不忘盯住我黑乎乎的脖子，像押犯人似的把我送进滚烫的浴缸里。外婆从进门到出门回家，一直手脚忙个不停，嘴巴唠叨个没完。妈妈跟在她后面，连连赔罪称是，我和爸爸大眼瞪小眼，坐也不是站也不是。一天下来不知她老人家累不累，我们都像是刚打完了场败仗，一个个有气无力。

现在我在浴室，学着外婆的样子，在脖子上涂上肥皂，用力地搓呀搓；妈妈正在扫地，平时不太扫地的她，动作僵硬，样子十分好笑；连平时从不干家务活的爸爸也行动起来，手里拿着抹布东擦擦，西抹抹……

"叮咚！"门铃响了，外婆"驾到"，不知今天她又会怎样收拾了……

195

看到文章题目就想笑，"鸳列"两个字之刻就成画面出现了画面。看卷外婆时刻爱干净，定期会来"栓查"工作，观察仔细，善于捕写……你把外婆描绘得太可爱了！外婆喜欢这篇文章，为了它坚持长期保持整洁，小韵不仅身身，源源亮亮，外婆多"鸳列"n次，指有必要，对吗？ ☺

捉蛐蛐

秋天向我们大步走来了，许许多多的小虫儿唱起了动听的歌，欢迎秋姑娘的到来。

听，蛐蛐们张开双翅，"蛐蛐，蛐蛐"地叫了起来，好像在说："秋姑娘，欢迎你。"金钟儿高兴地摇起了铃，好像在说："秋姑娘，谢谢你。"

蛐蛐们不愿在一块儿说说话，聊聊天，却躲在角落里呼唤着伴侣。当然，只有雄蛐蛐才会叫，偶尔碰了面，就张牙舞爪地打斗起来，十二条腿在地上蹬来蹬去，咬得不可开交。

我虽然是个女孩子，居然像男孩一样喜欢上了蛐蛐。到了晚上，我就拿起手电筒，带上网罩和瓶子，约几个男孩，一块儿到花园中去捉蛐蛐。

我在他们中年龄最大，所以，他们都听我的。我对他们说："去花园等我。"他们全跑了过去，刚要翻石头找，我轻轻地说："别动，让我听听它们在什么地方。""听，在那儿，动作慢点，别出声，轻轻地走过去。"那家伙的声音越来越稀疏，我心想，它也许发现我们了。我在离石头五十厘米的地方停了下来，打开了手电筒，打开了瓶盖，让一个小男孩去拧一根蛐蛐草来，做成逗蛐蛐的工具。我轻轻走到石头边，把石头突然翻开，马上罩住。呵，那家伙好大呀，我用蛐蛐草逗了几下，它发火了，停住了叫声，张开嘴向敌人冲去。我用网罩罩了过去，把它抓在网里，让它跳在网上，我把它放进一个木瓶里。蛐蛐马上钻进了我铺平的泥土做的洞里。我用这个办法捉了许多蛐蛐，把它们放进去。

　　第二天，那只大蛐蛐还在洞里，好几只蛐蛐被它咬得成了"走资"（少腿的蛐蛐）。它好厉害呀！捉蛐蛐真有趣！

　　在童年时，我有一本报告你的书叫《动脑动脚爷爷》，上面有很多科学、自然小故事，每次读你的文章，我就有这样的感受。

　　神奇这样都是大自然、都是小动物，而且在你笔下的小动物都仿佛能和我们直接交流一样，特别可爱。妈妈告诉我，除了观察，你还买了很多书、查了资料、了解了昆虫的生活习性，才能写出这样的文章，向你学习！

云

今天是星期天。我坐在窗边欣赏那美丽的云彩。在蓝宝石一样的天空里，飘浮着一朵雪白的云，无忧无虑，它时而大时而小，时而聚时而散，时而浓时而淡，好像在叫我看它的"化身"表演。有时白云像一只小白兔在奔跑，有时像一头小绵羊在吃草，真是千姿百态，不久它便融入了其他的白云中。

不同的时间里，云的姿态也是千姿百态。

清晨，太阳又一次露出了笑脸，云儿又遮住了太阳，太阳只露出外边一圈的光亮，好像它在说："小朋友！我在这儿！"有时，云层不厚，太阳光又从缝隙中照射出万道金光，有时云儿借着光亮好像一朵玫瑰，艳丽极了！

傍晚，太阳下山了，但它的余辉染红了半边天。大人们会说："明天一定是明朗的晴天！"小孩们叫嚷着："火红的火烧云喽！火烧云喽！"

在明朗的夜晚星星眨着那可爱的双眼，云儿又遮住了星星，好像在和我捉迷藏。

啊！真美啊！真有趣啊！云儿能使我们的想象丰富起来！它在天边和它的同伴自由自在地漫游！

同样是写云，你的文章一开头竟有点萧红写"火烧云"的味道，生动而俏皮，就是孩童的口吻，让人读来心情愉悦。后面又分了晨、昏、夜三个时间段里云的变化，脉络清晰，表达流畅。很见功力！

车厢即景

星期天下午，我乘49路公交车去钢琴老师家上课，车厢里很空。在儿童医院这一站，上来的人挺多。人们一涌上来，就分头寻找各自的座位。其中有一个人最引人注目，他穿着一件红色背心，一条蓝色布裤，脚上一双迷彩鞋。那黝黑的皮肤，带些灰尘的头发都在告诉人们——他是一个外地人。他看见了一个空座位，紧走了几步，"啪"地坐下了。一位中年人，好像是知识分子的模样，看了看他，摇了摇头。一个正在吃雪糕的妇女不禁给了他几个白眼。在我身边的两个女中学生嘀咕了起来："侬看，那个乡下人，一点家教也没有，抢着坐位子，真不像话！"

"侬也不要讲，乡下人都是这样的，霸道相，还喜欢少见多怪。到上海来，看到一个家庭影院，就会做出老惊讶的表情。"她们一边说一边向那个人投去鄙夷的眼色。

这时，建国西路站到了，上来了一位老爷爷，他右手拄着一根拐棍，人颤颤巍巍的。这时，知识分子的眼光飘开了，从包里取出一份报纸，"专注"地看起报纸来；中年妇女欣赏起了窗外的风景；而那两个"叽叽喳喳"的女中学生此刻却安静了下来，不约而同地打起了瞌睡……

"大爷，您坐这儿吧！"当那个浓重的乡音响起时，人们都不由得将目光投向了他，只见那个外地人将座位让给了老大爷，老大爷连声道谢。而那些没有让座位的人，此时此刻不知又是怎么想的，又会怎么说呢？

　　雪帝平时话不多，但是总是忽闪着眼睛默默地观察着周遭的生活，所以才能看见你很多佳作来自生活中的真实情景，细腻的描写，发人深省的思考。生活中我们常常会遇到这样的情景，我们又会怎么做呢？或一定不是旁座的那个，你也会，对吧？

我的老毛病又犯了

我终于度过了紧张的期中考试。嗨！我可以美美地睡上一觉了。可是我刚进入梦乡，我的老毛病又犯了。喉咙里就发出"吱、吱、哈、哈"的怪声音。我问妈妈："怎么回事？"妈妈告诉我可能是期中考试复习时太累了，哮喘病发了，不要紧，休息一下会好的。

我的这个老毛病是怎么犯的还有一个个故事呢！记得我一年级的时候，我那弱小的身体曾得过严重的肺炎，住在医院里整天不是打针就是吊盐水，我的身体一下子虚弱下来，就有了后遗症——哮喘病。只要一段时间累了，你想休息的时候，它就会犯。复习考试时，我不是写就是做，不是读就是背，每天很晚睡觉，弄得我累坏了，爸爸妈妈很担心我的老毛病会犯。星期四晚上，我因为怕老毛病会犯就早早地睡了。我刚要睡熟，只听一声咳嗽声，只觉得自己喉咙里发出怪音，我心想：不好，我的老毛病真的又犯了。爸爸妈妈这下可急坏了。爸爸从床上一咕噜地爬起来，打开抽屉帮我找药，妈妈递给我药和水让我吃下去，还不时地问我："好点了吗？"我用紧张的声音说："好点了！"妈妈对我说："让妈妈听听。"我转过身去，妈妈听了听对我说："没关系。"我才点了点头，一颗紧张的心放了下来，慢慢地进入了梦乡。

第二天，妈妈对我说："你的这个老毛病除了打针吃药，还要加强身体锻炼，平时多做广播操；有空到公园里跑步，学校里多运动，如跳绳、踢毽子等。增强身体的抵抗力，这样病就会慢慢好的。

看了你的文章，我感同身受，因为我和你一样，从小有哮喘，对我的学习、生活有很大的影响，尤其每到夜晚咳喘起来的声音，你描述的与回忆太真切了，这也让我就此牵挂了你。我的哮喘是在成年后慢慢缓和下来的，确实像妈妈说的，按时吃药，运动锻炼，增强抵抗力，一切都会慢慢好起来，看看关老师我现在的样子，完全看不出来呢！未来来，加油！

生活除了学习就没有娱乐吗？

说起电视，对于我们这一代来说是极为重要的，它是我们的朋友。

现在并不像以前，家家都有五六个子女，因此从无孤独的感觉。而现在却不同以往了，每家都是独生子女，一到放学放假时，就变得孤寂了。然而电视用它的力量赶走了我们的孤寂，让我们觉得还有一个朋友在身边。

虽然它能够带给我们无穷的快乐，可这种情景也是短暂的。家长们都认为看电视会耽误我们的学习，还是把大量的时间放在补课上好。于是，这些本该是轻松愉快的假日却在我心中抹上了一层暗淡的色彩。不管是成绩优良的同学的家长还是落后的同学的家长都一致认为，补课是提高成绩的最好方式。于是，我们除了在校学习之外，繁忙的课外课程来临了，有时要补外语，有时要补数学。

千石万土堆积成山，题目汇聚成海。书山题海就是我们生活的全部内容。这些还算是轻松的呢！除此之外，还要去学书法、钢琴、绘画、作文……搞得我们晕头转向，连气也喘不过来。家长们只知道一个劲儿地催我们读，从未想过我们的感受。我真希望家长们也能体谅体谅我们啊！在暑假里，我看了《还珠格格》，里面小燕子的那种叛逆的精神使我深感佩服。三年级时，我曾为了电视与父母争吵，可我毕竟没有小燕子那么机灵，根本无法说服他们。现在仍是这样。如果你想问我生活中除了学习之外还有娱乐吗？我会非常清楚地告诉你："现在没有！"

　　现在也只能说一句："但愿这日子早些停止吧！"

　　是呀！这也是吴老师想问的，课外看见爸爸、妈妈还增加额外的学习任务，吴老师有些不解，无论是学有余力，还是暂时有困难，都在增加学习任务，真的需要吗？看看你们在学习上渐渐自律，不断提升，却仍牺牲休息、娱乐、去加课，真的有必要吗？我得了解一下情况，要和爸爸、妈妈们谈一谈了，我们一起努力来改变一下现状吧！

练习簿的自述

练习簿，是我们学习的好伙伴，写作业离不开他。我们都十分喜欢他，可是练习簿也有他的烦恼。

"唉！"练习簿叹了一口气，他又要开始自述了。"唉！"又是一声重重的叹息。"怎么了？有什么不顺心的事吗？"旁边一本黑色硬壳的手抄本问。"我的小主人叫明明，是个很不错的男孩子，可就是有一个坏习惯：不爱护本子。以前的我可是很整洁的，可是现在的我像是变了个样，多脏啊！"练习簿停顿了一会儿，继续说道："每次我的小主人写字时，总是把我的身体画得乱七八糟，我的伙伴看到我，都远远地离开我，同伴们都给我起了个绰号叫'臭蛋'，连我最好的伙伴数学簿、外语簿也笑话我，不和我亲热了。我心里难受极了。"

"明明还喜欢撕本子，他做作业时总是心不在焉，经常写错别字，一写错，他就把那一页撕掉。渐渐地，我的身体越来越瘦，走路也无精打采的，全身困乏无力，别的伙伴都欺负我，瞧不起我。明明还经常把我的脸'美化'一番，使我变成了一个'丑小鸭'，没脸见人啊！""我的处境可和你不一样，我的主人叫玲玲，是个女孩。"硬壳的手抄本说道，"每次她做作业，写课堂笔记总是认认真真、仔仔细细的。要是有写错的地方，她就用橡皮轻轻地擦着，生怕弄疼了我的身子。擦完后，她又把我的脸弄干净，使我变得又漂亮又整洁，伙伴们都愿意和我在一起。""如果明明有你的个主人的一半好，我就心满意足了……"

　　朋友们，听了练习簿的自述，我们应该要像玲玲一样爱护本子，而不该像明明那样乱撕本子。如果有人不爱护本子，我们应该及时劝阻他，你说对吗？

　　这是一篇挺有教育意义的童话，自创的！自述者是一本练习簿，从它的讲述中，我们知道了它的遭遇，相信读了以后，很多同学都会重新审视起自己的练习簿，"善待"它，或准备让这班同学细细读一读，学习一下。

我独自走在大街上

随着一声清脆的下课铃，同学们像潮水一般涌出了教室。这是怎么回事？原来今天是星期五啊！对于同学们来说，这是一个值得庆幸的日子，因为我们将度过两天的"大放假"，丰富自己的课余生活。可我却不一样。

我背起书包，慢慢地走出教室，独自走在大街上，耳边传来同学们的欢笑声。"唉！要是我也有个星期日就好了。"我叹了口气，眼前浮现出在灯下苦读的身影：面对一道道数学难题，我苦苦思索着；面对着一本本做不完的课外书，我无可奈何地动着笔；面对老师布置下的一篇篇作文，我为此而苦恼。可又能怎么办呢？现在是竞争社会，做什么都得靠你自己。父母都希望自己的孩子能考上一个好中学、好大学，有一份好工作。为此又不惜一切地为孩子们找好老师补习，我的父母同样如此。面对他们充满希望的眼神，我走进了教室，听着老师的讲解，在笔记本上飞快地记着。可他们并不理解我们的心，我们是多么希望有一个欢乐的假日啊！

记得小时候，我常常跟着爸爸、妈妈外出游玩，我最爱在草地上奔跑，两只小脚踩在松软的草坪上，软软的，舒服极了！虽然我时常摔跤，但我从不哭，爬起来，继续跑。可现在这样的美好时光已经消逝了。它们好像随着时间老人一起去了，等着我的是一本本作业，我是多么希望它们能一去再复返啊！可是这是不可能的。

我叹了口气，继续走在大街上。

记得程校长一直告诉我们，玩要尽兴，学要尽力，所以需要和爸爸、妈妈聊聊了，该玩的时候就痛快地玩，学习的时候认认真真。可现在预科的学习已经占用了我们休闲、休息的时间，小时候的那段回忆显得真实而动情。建议把这篇文章给爸爸、妈妈看看，说说自己的想法，取得最大的支持。

委屈

我从懂事起，就经常看赵老师主持的节目，他那口标准、流利的普通话，他那稳重自若的主持风格，他充满智慧的眼神……都让我喜欢。

今天，我终于有机会看到他了。早上，我和伙伴们有说有笑地来到了松江体育场，参加庆祝"松江建立1250周年"典礼的演出。我看见赵老师了，尽管他戴着一个假发套，但看上去很自然；浓浓的两道眉毛下面是一双炯炯有神的眼睛，眼袋很重，一定是太带累了。一个颇有特点的塌鼻子下面厚厚的嘴唇。他身材魁梧，穿着淡灰色西装，一双油亮的鞋子，显得风度翩翩。

我们来不及多看他便走上了舞台表演。当我们表演完下台，要整理衣物离开时，我的眼睛忽地一亮，只见不远处正站着我敬佩不已的赵老师，他正在和导演说着话。我的心"砰砰"直跳，又高兴又紧张，不知怎么办好。只见几个小伙伴已经拥了上去，"赵老师，给我们签个名吧！我们最崇拜你了！"赵老师似乎不屑一顾。而我却不知天高地厚，飞快地从妈妈手中的书包里取出本子，从伙伴们身边挤了进去，天真地叫道："赵老师！给我签个名吧！您每次主持的节目我都看……"突然话被打断了，赵老师把我们推向一边，不耐烦地说："去去去！不签！不签！有空也不签！"听了这话，我仿佛一下子掉进了冰窖，不知所措。而身边的几个小伙伴竟委屈地流下了眼泪。

看到伙伴们红红的眼睛，我很不服气，挺起胸膛说："你怎么可以这样呢？！大家是喜欢你呀！"尽管我的声音并不响，但周围原本喧哗的人们顿时安静了下来，他们的目光"唰"地一下投向了我，我感到了一丝寒意。

在一旁的妈妈几乎是冲了过来，连忙把我拉到一边，对我说："你这孩子，怎么回事？！多丢人，赵老师可是名主持，快，快，去向赵老师道歉！"妈妈用力按着我的头，把我推到赵老师面前。我抬起头，又看见了他那头造型精美的假发，我就是没有低头……只见他翕动着鼻孔，"哼！"的一声走开了。

人们散开了，妈妈却还在絮絮叨叨地责备着我。一个名人难道应该是这样的吗？他给我们幼小的心灵留下了什么呢？难道就因为他是名人就有这样的权力吗？他要想受人尊重，首先自己应该是一个和蔼可亲、尊重别人的人。

他这样对待我们这群可爱的孩子，真是太令人失望了！

看了你的文章，我有些心寒，完全可以体会到你当时的心情。特别是配音乐、尊敬的主持人这样的态度，多让人伤心啊！我们可以体谅你长时间的工作很辛苦，难免烦躁，但是对小朋友这样的态度更是不要。事件真实，情感真实，是一篇好文章。

做"领导"真难

在班里，我是一名和蔼可亲的中队长，大家熟悉我，喜欢我，所以领导工作很好做。

可这次夏令营活动，这个领导可难当了，让我无比烦恼。到了那边，除了我和我班的三个同学，其他全是娃娃兵，这样算起来，我们可是最大的了。到了宿舍，要选室长，那当然又是轮到我们这些大兵喽！可是这帮娃娃兵可不好弄，我手下高矮七八个，其中有两个人，小建和小奇，可让我伤透脑筋。小奇长得胖胖的，浑身都是肥肉，眼睛都难找，而小建，眼睛骨碌碌地转，一副机灵相。

先说吃饭吧。小建吃得精，有一次，他对饭桌上的罗宋汤挺感兴趣，只见他熟练地拿起汤勺沉底溜边慢起，把汤中的精品一网打尽，给同学留下的只是一碗清汤。而小奇吃得杂，吃饭前三包薯片，五瓶可乐，二十几块饼干，两包杨梅下肚，可一听到吃饭号声后，他仍然摇摇摆摆走向食堂，不管什么东西先吃了再说，一点也不手下留情。我劝了这个，那个又"包销"了一盘菜，我拉了那个，这个又把芹菜牛肉中的牛肉挑光了，顾此失彼啊！

出去活动了，小建好动，手舞足蹈，一会儿冲进奶牛场喂牛，一会儿去抓羊尾巴，一会儿追着小猪跑，我只能左冲右突去抓他集队。而小奇好静，躺在地上，拿着一把扇子，摇着扇子，汗水淋淋。我们的队伍到了哪里，他就躺在哪里，汗衫上一层白色的盐花，舌头总在外边大喘气，要劝他活动难上加难。

晚上要睡觉了，只见小奇一个人躺在被子里，你一定以为他已睡着了，如果你掀起一个角，就发现他是在被子里偷吃饼干。过了一会儿，饼干盒已从被子里飞了出来，再去看他，他已打起了呼噜，而小建却像夜游神，吵个不停，像我们多带了一个收音机似的，一会儿又招呼大家打牌。这怎么能入睡？我这个领导又要忙了。

唉！当领导可真是难啊！现在才明白老师三百六十五天的辛苦，这两人已搞得我没了方向，更何况几十个呢？

有幸和小脉一起，带上一群小家伙参加夏令营，不过谈不上"领导"，我们就算干"队长"吧，把题目改一下。

但是文章里对人物形象写得真好！小建瘦，小奇胖，小建吃得精，小奇吃得多，小建好动，小奇吉静，小建喜欢泡澡，小奇更加贪吃，在文章里连小脉都忠不住感叹老师平常的辛苦，向连几天，吴老师每晚都没有睡圆圆觉，每过一个小时起来巡视一次，看看谁踢了被子，难想家想哭了，只要大家在夏令营中有感悟、有成长、辛苦点真的不算什么。有你最后那句抚慰，吴老师已经不累了。

朋友的欢笑

　　我始终记得那节情感教育课。那天她哭了，趴在桌子上，我看不见她的眼泪，可是我们都看见她那和平时一样杂草般的头发在微微颤动，她的头搁在手臂上，肩膀不住地抖动，我们听见她竭力压抑住的哭声。我们没想到她会哭，真的。

　　"她头发脏！常年穿那件校服！""她成绩差，拖我们班后腿！""对，我昨天还看见她捡别人掉在地上的饼干吃！"本来，情感教育课上老师就鼓励我们畅所欲言的，所以当老师疑惑而恳切地问我们为什么排斥她的原因时，我们畅所欲言，丝毫没有顾及她的感受。"我没有！"她在大声回应了一句话后，就哭了。我们都呆住了，真的没想到……

　　"不知道每次体育课上打乒乓时，我要捡多少次球。每次轮到我接球时她们都故意把球打飞，一节课，我不是接不到球发呆就是忙着捡球，我很难过，难道同学之间就应该这样吗？"老师放下了那本作文本，其实不用老师解释，我们也听出来那是她写的。我的心里说不出的滋味，我们每个人都知道她写的是事实。她还在那里哭，而我此时的心情再也轻松不起来了。

　　老师望着我们，告诉我们她的头发是极严重的油性头发，也正因为怕头发脏她几乎天天洗头，连洗发精都用上了，所以她的头发才像枯草。她的爸爸、妈妈常常三班倒，根本无法正常地帮助她学习，所以她的成绩才常常落后……老师还在说着，可我已经听不下去了，我的凳子上似乎藏着一根尖锐的刺，让我几乎连坐也坐不下去了。

　　"作为老师，我希望看见你们优良的成绩，但是我更希望我的孩子们能真正成为一个堂堂正正，有爱心的人。"老师恳切地说着，底下的我们一脸愧疚。我们是多么不应该呀，伤害了一个伙伴的心。同学几年，我们从没有了解过她，只是在那里揪着她的错，笑着闹着。

　　我这个一班之长再也坐不住了："老师，"老师的目光鼓励着我，"我们错了！"我看了看同学们，我想他们的心情一定和我一样。我来到她的座位边，伸出了手，诚挚地说："对不起！"她抬起了头，不相信地看着我。我主动地握住了她的手，丝毫没有顾忌我们时常责怪她手不干净，再次说："对不起！"

　　自从那节情感教育课之后，她不再被冷落，而是在一天中都充满了欢笑。你们都听见了吗？这就是朋友的欢笑！

这布情感教育课同样给我很大的触动，身为师这些年，遇到不同的同学，像小瑜这样情况的几乎没有。我以为只要"号召"小伙伴们多关心就好。后来才发现仅仅靠教是不行的，也有身体力行，发自内心地去关心她，爱她，才能让她有真正感受到。从你的文章中，我知道你明白了，相信大家也会明白。关心爱护一个人，不是停留在口中，一定是落实在言行里，那样才能让人真真切切地感受到。

绝招

　　我喜欢她那双会说话的眼睛，我喜欢她那个像外国人一样的鼻子，我喜欢她忍不住对我们露出的笑脸，我喜欢她脸上那几颗可爱的小雀斑。她会和我们一起跳长绳，为我们数数，拍着手"咯咯"地笑，累了就和我们一样一屁股坐在地上；她会为那些学习落后的小伙伴补课。她家的电话号和手机号可是公开的，有什么困难都能找到她。总之，她是一个我们都很喜欢的好老师，她就是我们的班主任吴老师。但是今天我要告诉你个大秘密，她呀，有个致命的缺点——好听我们"拍马屁"。

　　清晨泡杯茶，累了捶捶背，在周记本的角落里悄悄写上一句："吴老师，我喜欢你。"我们只要一拍她的"马屁"，她就会捂着嘴笑，把刚刚生气的事忘得一干二净。我们利用她这个小缺点，逃过了好几次"灭顶之灾"。

　　有一次，我这个马大哈又没有带作业，不好，吴老师生气了！你瞧，她的眼睛瞪得老圆，脸也红了起来，气鼓鼓的。"怎么又让老师生气了！"几个同学朝我愤愤地瞪眼。我突然灵光一闪，对了，我趁她不留意，向几个好朋友挤了挤眼睛，又朝老师努努嘴。他们马上心领神会了，跑到吴老师身边，说上几句贴心话，几个拳头捶在了老师这两天颈椎病发作的地方，把她弄得眉开眼笑。逃过"此劫"，我长长地舒了口气。"齐齐！待会儿抓紧时间补给我！"老师的声

音在身后响起，唉，补就补吧，只要没把老师气坏了引起众怒就好。

这就是我们的班主任。怎么样？你们羡慕吧！其实，老师每次并不会真的生我们气，她爱我们呢！瞧，老师又笑了，一定又是谁在"拍马屁"了！

我承认我有这个可爱而"致命"的缺点，有到你们，我就会忍不住地笑，即使你们中的几个小调皮惹我生气，过不了一会儿，又忘了。

太爱你们了！

那一抹鲜艳的红色

广阔的蓝天，灿烂的阳光，在雄伟的天安门广场前，一支支威武之师正在向我们缓缓走来。我不由得被深深地吸引住了，也许此时樱木花道、名侦探柯南都无法使我转移视线了。眼前是一排排整齐的队伍，他们整齐划一的动作，庄重的表情，连那皮靴踩在地上的声音也是那么掷地有声，听，"嚓、嚓、嚓、嚓"，多么像我们的共和国年轻、勃勃生机的心跳声。他们身上那一身国防绿，汇成了一个个绿色的方阵，好像是一块块长城砖，砌成了一座绿色的长城。

咦？在这绿色之中却有着一抹鲜艳的红色，就好像是绿树丛中的一束红花。原来这是最引人注目的一队女兵，她们穿着一色的红色军装，红色的帽子，雪白的手套，黑色锃亮的皮靴。她们个个高昂着头，脸上写着自信，"嚓、嚓、嚓、嚓"地向前走着，英姿飒爽。听妈妈说，这些女兵训练起来非常艰苦，她们常常要在衣领上别上大头针，在脚抬起时用量角器量出规定的角度，一分一毫不差。她们在烈日下练习，阳光晒红了脸，她们在暴雨中练习，雨水浸透了鞋。

红色的方队在缓缓地向前移动，我的视线也跟着在移动，我是多么羡慕这些女兵啊！慢慢地，我的眼前模糊了，仿佛我也进入了电视，进入了这整齐划一的队伍里。红色的帽子上是闪闪发光的金色国徽，我身穿笔挺的制服，手握着半自动步枪，骄傲地望向主席台迎接检阅，脚下的步伐更加

坚定有力。

　　"嚓、嚓、嚓、嚓"……满怀信心，满怀希望地向前走，迈向更为广阔的明天，更为美丽的明天。

　　阅兵典礼中女兵的飒爽英姿给大家留下了深刻印象，以声音、形态、衣着、神情，每一个细节都被你捕捉到了。和第一节中男兵的绿色长城相映生辉。建议把开头的"樱木花道、名侦探柯南"删去，毕竟与文章内容关系不大，仅仅为了说明自己不被时动没眼介，可以改成其他容易眼介的事物，更合适些。

自豪

可真巧，前两天我们社会课上刚组织看过录像，日军侵略我国时所犯下的种种罪行，他们在中国历史上写下的血的一笔，是不能让人忘怀的。录像中有日军的铁蹄的特写镜头，他们黝黑的靴子踏在中国的土地上，显得那么洋洋得意，理所应当。我的耳边不停地回荡着那阵阵铁蹄的响声，它踏在我们每个中国人的心上。我还忘不了，空中呼啸而过的敌机，投下的炮弹，还有那"突、突"直响的机枪。我难以忘记。

可是，今天我坐在电视机前所看到的却是让我欣喜异常的一幕：十月一日，中华人民共和国成立五十周年，在北京天安门广场上正进行着一场隆重的阅兵仪式。我的心因为这个庞大的场面而震撼。

我看见高举着好像巨人臂膀似的炮筒的坦克方队，我看见翱翔在天空的飞机方队，我看见手握钢枪，坚强自信的陆军方队，我看见像白色海燕一般英勇的海军方队，我看见像搏击长空的雄鹰一样勇敢的空军方队，还有漂亮的女兵方队，她们也是步伐整齐，让我们精神一振。连一枚枚新研制的导弹也好像一个个战士一样整装待发。

我的耳边听到的都是"最新""最高""唯一""第一"，这怎么不让我的心欣喜异常？再听听，我们的军队那整齐的脚步声，是那么自信，那么坚定地踏在祖国的土地

五年级：溪声日夜

上。要知道在几十年前，我们还是一个被别人嘲笑为"东亚病夫"的民族，被视为一个落后的民族，一个任人欺负的民族。日军的铁蹄声仿佛还在昨天，在我们耳边回荡，可是今天，我要自豪地说：中国，我们的中国正在日渐富裕，日渐强大起来。

我将指着今天的银屏对所有人说：看，这就是今天的中国，看看这一支支雄壮的队伍，他们是无法战胜的！我为之而自豪！我为自己身为一个中国人而自豪！

以被帝国讥咸嘴，丧权辱国的过去走到今天，看到新中国成立七周年的阅兵仪式，中国发生巨大改变，腰杆子越来越硬，抬头，挺胸，站在世界舞台上，我们充满自信。十一，我和你一样，早早地坐在电视机前，每一个方阵走过都让我心潮澎湃。以史达一刻，相信中国会越来越好！

中国足球怎么办？

前两个星期，还听见中国国奥队主教练霍顿自信地说："中国国奥队，冲出亚洲，绝对没有问题！"

前一个星期，一场比赛客场以0比1的比分输给了韩国国奥队时，霍顿说："努力打好下一场，进军悉尼奥运会基本没问题！"

可这次，经过九十分钟惊心动魄的比赛，主场作战的中国国奥队最终没能击败韩国国奥队，1比1与对手踢平，这对于中国国奥队来说极其不利，基本上退出了与韩国队进行悉尼奥运会足球赛出线权的争夺。

这时的霍顿只能一脸灰色，垂头丧气，带有一点安慰的语气说："这是一场高质量的比赛，两队水平接近。这场比赛打完后，进军奥运的机会非常渺茫了。我们是在实力非常接近的比赛中，机会的把握非常重要，如果肇俊哲的那个球进了，形势就大大的不一样了。"

唉，国奥队啊国奥队，你们知道吗？多少的球迷希望你们能冲出亚洲，多少球迷在为你们呐喊，多少球迷在为你们的失败而感到惋惜。可是你们还是让我们失望了。

那天，我和爸爸看完足球回家的路上，看见一个老人，他的头发已经斑白了，他披着一床床单，上面用鲜红的颜料写着"老球迷"，他垂头丧气，走得很慢很慢，我想他一定是伤透了心。而我的心情也像他的脚步一样沉重。

喉，中国足球怎么办？

我也爱看足球，可每次看到国足比赛，总是从满怀希望到失望沮丧，n成人的梦想何时才能实现，喉——大半段文章写的是比赛和评论。最亮眼之处是对家人的描写，很动人，表述了输了比赛后难受的心情，可以再写一写同遭的环境赛前氛围与赛后气围的变化，形成对比。

我们的"亲子周记"

这是我们班的"亲子周记"，当时吴老师让我们写的"亲子周记"就是由我们、老师、家长共同完成的，究竟是怎样的一份作业，也许你读完就能明白。

生：老师，我真舍不得你，一想到就要分别，我的心就像针扎一般疼痛，我无法忘记你，你的笑容，你的歌声，你抑扬顿挫的朗读，甚至你生气时涨红的脸庞。

老师，我喜欢你，我曾经是个不懂事的孩子，真的给你添了不少麻烦。多少个傍晚，操场上已经非常安静了，我们教室的灯却还亮着，你就陪伴着我，我知道你的儿子天天盼你早些回家，可是我们却让你操心，让你没有办法按时回家。

老师，我们喜欢你笑的样子，喜欢你在操场上陪我们嬉戏的身影，喜欢你常常哼着歌的陶醉样，喜欢你上的语文课，喜欢你一肚子的学问，我们用行动表达着对你的喜欢，我们一起画过你，尽管有的同学的大作上连你的耳朵都忘了画。我们还给你递过小字条，告诉你我们的心里话。我们给你点过歌，只要听你哼什么歌，我们就天天在"真情点歌台"中点，人人都学唱。你爱我们，我们也爱你。

回忆着往事，那往日的点点滴滴又出现在我的脑海，我的心久久不能平静。那酸涩的泪已经在我眼眶中打转，最后还是不争气地流了下来。

五年级：溪声日夜

老师，我不会忘记你的。

如果可以让我掌控时间多好，让我同千丝万缕的发结成一根绳，挽住时间不再让它前进，让我能和你们再待上一会儿，多一天多一个星期也好。

多喜欢看见你们笑啊，喜欢躲在办公室的窗帘后看你们上体育课，调皮的你们尽收眼底。多喜欢你们亲热地叫我，清脆地报给在耳边询问。多喜欢你们细心地为我泡上咖啡，中午时分担心我饿了递上的小饼干。多喜欢你们为我点的歌——《决不能至失去你》，我又何尝愿意失去你们，我可爱的孩子。在别人眼里，你们平凡无奇不类拔萃，却是我最贴心的宝贝。

孩子，希望未来的日子里记住老师的话——"做人第一。"做一个正直、善良、真诚、受人欢迎的人。要求上进，要严于律己，宽以待人，要爱爸爸、妈妈，关心身边需要帮助的人……咦，我多傻，一下子又提了那么多要求，也许是我们即将分离，我忽希望把这满心的期望说了又说，在你们的心里留下些

227

印见。

四年级接班时你们还是那般小小，现在一个个都蹿了个头，有的都和我一般高了，长大了，真的长大了。记得你们的每个人可爱的称呼，每次不同的赞许和批评。也请你们记得我吧，记得我的每次笑颜和怒气，记得我的好，也记得我的"小毛病"。让我们都记住彼此的一切，因为这毕竟是最真实的我们，最真实的回忆。

孩子，要分开了，那夜的这几句话怎么也批不下去了，脑海里回旋的都是你们的话，那夜我的心久久不能平静，甜蜜的往事，脱逃的分离。

孩子们，接下来的路要你们自己去走了，要靠自己，努力地去走好每一步，我的祝福将伴随着你们每一个人，若干年后，如果我们还能再聚首，相信那时的你们一定不同凡响，至少你们在我心目中一定会不同今日，不同凡响。

五年级：溪声日夜

　　家长：连我们都惊讶，孩子对一个老师的喜欢，甚至可以说是崇拜到了这么一个程度。她认为您是她遇到的老师中最可亲的一位。您喜欢的歌她爱唱，您喜欢的书她吵着要我买，您说的一句话抵得上我们家长的几百句话。她是真的喜欢您，有时甚至让我这个做妈妈的吃醋。

　　马上就要毕业了，看了孩子的文章，读了您的信，我们家长的心也不由深深地震撼。两年来，您的精心培养，您的悉心付出，和孩子们之间结成的这一份情谊，都让我们为之感动。

　　孩子和我们同样无法忘记您，我们会嘱咐她经常来探望您。也许我们是多虑了，因为在她的心目中，您是无法替代的，无须我们提醒，她便会来看您。

　　最后，祝您一切都好！

情感教育的信息化

终南别业
[唐]　王维

中岁颇好道，晚家南山陲。

兴来每独往，胜事空自知。

行到水穷处，坐看云起时。

偶然值林叟，谈笑无还期。

做情感教育，恰如在密林中前行，
虽可处处发现胜境，但道路有时却是晦
暗不明。新技术、新模式的应用就如同点亮
一盏明灯，一时间幽暗褪尽，地图立开。信息
技术与情感教育的结合让我总有种"行到水
穷处，坐看云起时"的畅快，颇堪予动。让原
未不可见的可见，不可观的可观，所谓"别开生面"可
能就是如此吧。

情感教育的信息化

作为新时代的"乡湾一中心人"，我一直坚持在继承优良办学传统，吸收深厚文化底蕴的同时，使着一切工作都围绕着"育人"的宗旨，为了构建与国际大都市中心城区相适应的学校改革的新框架，将情感教育作为办学特色，以信息技术为载体，探索技术与教育、教学深度融合的实践研究，根据每位师生的发展需求提供适切的、完善的教育，使大规模因材施教真正落地。"教育真情，育充正境"的涵义是还原为方真情景，激成师生真情感。每人不觉教无声，言行身教养无痕。

在以经很多年的探索中，我试图拓展情感教育理论空间，开掘立德树人达成的路径。我带我们的云团队一起，研发我系列的情感教育课程和使系统的融入情感教育理念的学科课程以及小学生实践活动方案，形成了我整的小学师段"情感教育"教学体系。2009年开始尝试信息技术的融入，尝试开发基于数据的情感教育评研方案，十多年来形成了"物联数据辨识情感，师生互缘评

233

师情感，学科渗透蕴蓄情感，情感课程点化情感，实践活动体验情感，家校互育共育情感"。

记得刚开始，人们关注的是学校的自建物联网，一件件被研发出来的"云系列"产品很抓人眼球。最初使用平板电脑即时了解学生学情的课堂教学，引导学生合作学习的"云课桌"，培养学生劳动技能的"云厨房"，让学生们在虚拟场馆讲述中共一大纪念馆故事的"云剧场"，用于体育课上了解学生身体机能的"云手表"……这些都曾让大家激动不已。而在实践中，我越来越深刻地感受到技术是帮助我们采集、分析数据，让我们更了解孩子，知道他（她）兴趣所在、心之所向，思考策略，精寻方法，最终成就每个孩子的价值。

我是一个语文老师，尽管我们的信息化探索之路是以数学学科开始的，但我始终希望在所执教的学科上也有所突破。

新观学好语文，可以从爱上阅读入手。丰富的阅读可以增加语言积淀，提升语言素养，开拓思维眼界，提升思想的广度和高度。不仅如此，如杜甫诗中所写：读书破万卷，下笔如有神。因此，培养学生良好的阅读习惯是很多语文老师的共同愿望。

图书馆是让学生建立和书本联系的好去处，我们学校的图书馆藏书丰富，种类繁多，为学生阅读构建了一个快乐的阅读天地。每周，每个班级都有一个固定的借阅时段，班主任也可以进入图书馆进行有序的借阅和阅览，每个班级还有班级的读书角。总之，在"好书，与好书交朋友"已形成了良好的氛围。

但由于学生的个体差异，性格不同，兴趣不同，认知水平不同等导致学生的阅读水平、频次、效率不同。有些孩子敏感、内敛，喜欢通过书本了解世肯。而另一些孩子天性活泼、好动，不容易静下心来阅读书本。为了更好地了解学生的阅读情况，鼓励学生积极阅读，每个阶段，图书馆都会对每个班级的学生的借阅情况进行一次统计，有时还会进行评比表扬。

然而，某个班级一次0的借阅率让人出乎意料！学生为何没有借阅图书？是否对阅读缺乏热情？……一堆问号，却找不到答案。于是，学校便立即针对网上年级学生进行了一次阅读调查，幸而调查结果还是让我看到了希望。调查显示，大多数学生仍旧表示喜欢阅读，对阅读有较大的兴趣。

阅读有兴趣，为什么没有借阅行为呢？经过进一步的细致调查，我们才发现，这次"0阅读"原来是之前的统计过程出现了操作性的疏漏，不是孩子们没有借阅，而是录入者手机端的统计接口发生了差错，导致了这个结果。我们没有放过这个偶发的技术性失误，而

是继续深入思考。我发现，单纯地统计着阅读量已经无法满足阅读需求。我们需要更多科学的数据和统计方法来支持阅读研究走上一条更清晰的路。

超市盘货引发的思考

超市的货架上各种商品琳琅满目，但是却繁中有序，有条不紊。这一切归功于超市的盘货方式。所谓盘货，简单来说就是清点货物。进货的时候要有记录，进货的数量、金额按种类分好。卖出去的时候也要记录，这样进和出都有了记录，清点货物（盘货）的时候点一下剩下的货物就可以了。

然而，传统手工盘点效率很低。古存至今，超市盘货之所以高效便捷，一目了然，主要得使这些高科技带来的便利。现在中大规模超市、药店都会用汉码盘点机进行盘点，只需要扫描条码录入数量即可，比手工盘点要快多了，最重要是准确性高。

如果将超市盘货的方法运用到图书馆，我们也可以给图书馆中二每本书分门别类贴上条形码，并以机器扫描二方式进行借阅，不但便于管理，还可以实现自动化二借阅数据单单。这个奇妙二灵感孕育了"云阅读"。然而，市面上还没有成熟二技术可以支撑这一想法，于是我决定进行大胆二技术创新。

首先，我与技术专家进行讨论，确定了想法二可行性。接着，我与技术团队设计了初步二方案。随后，再与技术团队沟通研发：设想将图书馆二每本书进行分门别类，穿梭图书资源，为每本书量身定做一个"身份证"隐藏在封底，类似于商品二条形码。同时，我们为每位学生提供一张电子借书证，通过借阅机器扫描二方式，学生可同时借阅十本图书，并且机器随时记录并整合学生二各项借阅数据。而这一切，如今已经在我校二彩云图书馆里实现了。

呈现不同数据：“云阅读”

彩云图书馆位于学校的主楼，图书馆拥有宽敞的阅读环境和丰富的藏书，从书的种类到涉及的年龄段，满足一至五年级学生的不同阅读需求。而彩云图书馆的得名，正是来源于图书馆蕴藏着与众不同的宝藏——云阅读。

“云阅读”就是借助学校智慧型图书馆的资源建立一个“海量阅读库”，学生通过使用电子借书证书借阅机器进行自主图书借阅，借阅机器拘摘录入图书的阅读数量、兴趣、习惯及广泛性，并在后台生成一目了然的数据。

之前，针对学生阅读我们对语文教师进行了一项调查，调查发现，教师们在指导学生阅读时最大的困难来自不了解学生的阅读偏好和习惯，无法根据学生的情况进行个性化的指导。

现在，有了“云阅读”以后，教师可以根据“云阅读”中的种种数据，为每位学生量身打造一份“阅读指导方案”，个性化地指导每位学生进行阅读，帮助学生接些数更实来进行广泛且有效的阅读。

"云阅读"将学生的阅读数据记录在"云"里。学生在"海量阅读库"选择所喜欢的书籍阅读时，"云阅读"的后台就是一个庞大的信息平台库，随时随地记录着学生的阅读数据，如阅读的数量、种类及时间，生成并且进行整合，以便老师来掌握使用。根据学生每个阶段的阅读情况，"海量阅读库"继续调整和生成新的阅读内容，"云阅读"平台也会继续跟踪记录学生的阅读数据。它是一种结合学生年龄特点、班级特点，以学生为主体的随时、随需的多样化阅读手段。这种方式最大的益处，就是可以让学生读到不同的书，掌握阅读的方法，培养广泛阅读的兴趣。

（1）通过"阅览数量"评估学生阅读兴趣

任教老师可以根据学生在"海量阅读库"中的阅读情况，调取学生每周、每月的阅览数量，甚至还可以选择日期范围自定义周期。"云阅读"平台将会自动生成一份班级阅读数量的总表，表格根据学生的阅读数量进行排列。班中学生的阅读兴趣情况一目了然。

(2) 通过"阅读时间"分析学生阅读习惯

学生阅读是否是有效阅读,"阅读时间"能够较好地反映。"云阅读"平台帮助学生记录每一次阅读的时间,还包括:阅读某一书籍所花的时间,一定周期内的平均每本书的阅读时间。前者可以帮助教师微观分析学生在阅读某一本或一类书时,是否存在翻阅或泛读阅的情况;后者则可以宏观分析该学生的阅读习惯是否良好。

(3) 通过"书目种类"显示学生阅读偏好

综合上述两个数据,结合学生借阅书目种类的类析,可发现,一年级学生普遍存在阅读兴趣偏好明显,并且男女生差异大的现象。通过学生在"海量阅读库"的阅读数据看,大多数男生对军事或动物类的书籍感兴趣,女生则偏重于文学类书籍。我们思考,学生在阅读时经常挑选他喜欢的内容,而忽略那些自己并不喜欢或了解的内容。我们也担忧,兴趣可以成为学生探索某种专业爱好的途径,然而,不平均的阅读可能会导致学生没有从书本中获取广泛的知识,仅仅停留在兴趣层面,而进入不了更深层次的阅读境界。借助"云阅读",我们综合学生兴趣、习惯,势将学生少泛阅读。

小魔女 戒长之

　　小婷是三年级8班的学生，她对于书籍之喜爱，若非你亲眼瞧见，恐怕难以想象。无论何时，只要有空余时间，她便会随手拿起一本书，这一刻开始，你便发现，无人能扰……

　　但眷眷地，这位有着广泛阅读兴趣之孩子，伴随着她步入高年级，我的担心与思考也随之而来。我如何帮助她选择更适合她这千年拾取阅读之书目？我又如何帮助她意识到自己之阅读倾向？我一直希望她能够在挑选书籍时更有目标性，帮助她渐渐形成自己之"阅读中心圈"。此外，还有一个问题时时困扰着我与她妈妈。我许这与小婷平日选书之"信手拈来"有关，我多次发现她写作时常常会陷入"天马行空"或没有中心点。一位热爱写作之孩子却多次在语文考查中"作文"这项上失分。我与她妈妈见此情况十分苦恼，我也同心思考了许多。我想是否能从她之阅读兴趣入手，以她喜爱着之书籍中选取材料来为写作服务？这样既能让她之作文写得踏实，又能将阅读与写作之抓手结合在一起。但这样一来，问题又摆在了我之眼前，我如何得知她平日里时常阅读之书籍呢？这些"功夫"让我觉成过许多方法，比如通过询问她

情感教育的信息化

的方式来做一个大致的了解，但我观始终没有依据可循。此问题便搁置了一段时间……

"云阅读"平台在大数据助推下的个性化阅读及写作指导中发挥了作用。我想帮助过程良阅读的孩子形成自己的"阅读中心圈"或来到影云图书馆，通过"云阅读"平台查阅了小玲的借阅记录，想通过"云阅读"记录数据来帮助她从纷繁复杂的借阅记录中找寻到一点规律，甚至是一些她自己都未意识到，却被"云阅读"平台保留下的内容。

平台上记录了 2015 - 2016 年中小玲所有的借阅记录，包括借阅时间、归还日期和借阅书名。这些数据可以让我实时了解她的阅读倾向与习惯，便于进行个性化的指导，我解读了整理的数据，进行了数据分析。

通过"云阅读"平台，我便能很直观地了解到小玲的借阅记录，并通过表格了解到她的借阅倾向，在小说、童话故事、散文诗歌和幽默风趣这四大类中，她更喜好小说系列的书籍。其次是童话故事类，再次是散文诗歌类，最后是幽默风趣类，可见小说中曲折离奇的故事情节以及生动的语言更受她的青睐。

在小说类书籍中，小玲最喜欢选择历史题材类的网店来进

243

行阅读，而以科幻为内容的小说在她的借阅书籍中占的比重是最小的。所以，同样是小说，小桥更偏向于写实、叙事的小说内容。

有一天的修课时，我见她又和经常一般择书从图书馆借私书好似沉地读了起来，我说："小桥，老师给你看一份你最近借阅书籍的数据单以及一张以书的题材内容别分的借阅数支单。"小桥细看看资料，这些都是她借阅过的书。她可能还看不懂这些数据背后隐藏的信息，但她边看边食去嘴舌的表情，这对于她来说是一件神奇的事情。以前实起，我以小桥妈妈的顺困中发现，她入书店，没有目的的小桥开始有了目标，在寄放的书籍处驻足时间长了，完全没有去过的书籍种类处，也会她去看一看，她的自主选书能力更强了。

"云阅读"不仅帮助小桥渐渐形成他的"阅读中心思"，还让我就取材方向对她进行指引。四年级时，小桥多次在语文专卷中失分于作文这一项，一个好比爱阅读的好处是她应写起文章信马由缰，完全不要鱼长，我关注了她近期里在阅读的类历史小说，而这一周的单元练习作文题是"XX真了不起"。我问小桥有没有兴趣写一个她印象深刻的历

史人物，她立刻来了兴趣："春秋战国时期曹刿！"我假作不熟悉的样子，接着她就眉飞色舞，滔滔不绝地介绍起来："曹刿，他是春秋战国时期的一位非常有名的谋士。当初齐国要讨伐鲁国，他主动请见鲁庄公要求带他一起作战……后来就有了著名的故事'曹刿论战'。这就是我最近从书里看到的故事！"我马上接道："那你就把这个故事写进这次的作文里！注意抓住曹刿的表现，把人物写鲜活，尤其体现出他的谋略之洋！这样的文章才会显得充实。""没问题，我一定能把这篇文章写好！"她坚定地看着我，点了点头。

在后来的讲评课上，她的文章得到了大家的好评。听着我的讲评，看着同学们追随的目光，相信小婷此刻的心情是十分激动的。

大数据时代的来临，让基于大数据学习分析技术的个性化学习成为教育学术研知领域的研究趋势。尤其"云阅读"平台的数据就可以为小婷建立一定的导向作用，这可以帮助她渐渐明确自己的阅读中心圈"。利用"云阅读"数据对她进行阅读指导，绝不是要抑制她广泛的阅读兴趣，只是让这位爱好阅读之女孩更加明确地了解自己最爱看读哪类书，开拓手地以此为资源库，从中选取素材为其之写作服务。

小婷之故事给了我启发，能否以互别面，"云阅读"平台是否可以帮助了解更多之孩子？

自学生一年级进校后，即开始进入学校之彩云图书馆，所在图书借阅活动，因学生地学昼、兴趣爱好乃主性别等不同，学生图书借阅情况也各不相同。如何使津外之显阅读有助于学生之阅读与表达能力之提高，这是语文学科之所需求。

以"云阅读"平台统计生成之数据可见，图书馆中二十大类中，借阅量比较导中之关于语言文字、文学、艺术、生物科学以及军事等几大类，尤其以文学、艺术与生物科学为主。显然，这样之情况是符合学生之年龄特点之。有意思之是，在这些大类中，由于男女生性别造成之阅读兴趣差异也显而易见。

在语言文字方向，女生的借阅率远远高于男生；男生在军事、天文、历史、地理、自然、生物科学等方向的借阅率远远高于女生。就男生自身而言，在涉及类别上涉猎的方向更广，其阅读总量甚至超过了语言文字类别。

这与学生在语文课堂学习所反馈的情况是一致的：女生学习中对语言文字的敏感度、感受力以及表达的通畅度都优于男生，而男生在课堂知识的拓展延伸方向有着明显的优势；女生在阅读文章作品时更能静心，沉浸其中，而男生遇到过长作品，连续阅读持续时间很短，不能深入。

由此，我们在教学跟进中开始关注性别因素对阅读的选择、阅读坚持、阅读表达的影响，并对此进行有意识的记录、坚持，归纳出不同性别在阅读学习中的差异，予以有针对性的调整与干预。

吴珍老师的尝试让我感触，她在数据分析和学生实际情况之间找到了关联后，她利用"小小广播闻""小小故事会"等真诚活动，充分发挥男生知识面广的优势，补充、激发女生对作文学习的本身的兴趣，借助女生阅读中求得的生动有趣的文学故事，来激发女生对文学作品的阅读兴趣。

同时，她还结合教材中一些课文做相应的阅读推荐，以图书馆中为学生举荐借阅套书补充阅读。因为有图书馆反馈的学生个别借阅数据作依据，在选择套书时，她尤其必须顾及学生对于文学作品的阅读兴趣，同时，所借的套书又常常引发学生们争相阅读。

而在我们"云阅读"平台上还有一个"云写读"，它借助微信公众号，为本校师生以及家长提供随时随地、随需的图书查询服务，学生还能上传分享自己的阅读体验。

随着学生阅读与写作能力的提高，我们在"云写读"平台交流阅读体验的基础上，尝试运用这个平台，通过图文采集与创作的形式，发布学生的美篇创作。在作品中，学生可以摘抄的日记、习作或读书小笔记等，辅以配乐编辑的生活照片或视频，来和大家分享他们的阅读、生活感受以及写作创作等。

这样的方式既迎合学生喜欢图文并茂的作品的阅读习惯，也能激发学生阅读与写作的热情，让他们在创作与分享过程中体会到阅读写作的乐趣。

小易的数字画像

"云阅读采集的数据犹如滚雪球般越来越多,我又开始思考,仅仅调用借阅数据分析阅读喜好、上传作品、分享……好像还有我们可以去探索、尝试的。

此时,小易的数据让我大感兴趣,他借阅图书的数量是同龄人的几倍,但是习作的水一般,总可提高。除了"云阅读",他在课堂教学中使用"云笔",体育课上使用"云手表",这些数据都汇总了起来。通过"云阅读",我发现他阅读涉猎广,而在后期数字画像系统中以"作文词云""兴趣爱好"及"错题集"等数据的挖掘与分析发现,小易的兴趣是玩"图书+图谱"。我与各学科老师围绕他的兴趣开始了"量身定制"。语文学科每次习作前的"聊天"场景、直面问题;数学学科用思维导图来辨析题目,体育学科中也同样迁移运用。"云手表"数据显示小易体重超标、立卧撑不及格,因此结合其兴趣,教师定制了"格物、设计、趣味运动、结伴达标"三步计对性策略,其中尤以"格物、设计"最有意思,小易设计的格物充分伴了他的特长,而维护格物、时时日常活动又很好地保持了他的运动量，从而提高了时效。程霄想到一所图书馆"云阅读"山清总数据都可以对后期作个变化：

学校秉持着先行先试山态度，以数字化赋能教育更局公众山优质均衡、个性多元，以数字化支撑高位生态育村系建设，开始致力于探索数据驱动下山大规模同材施教。以科学、客观、动态追踪山数据分析为依据，帮助老师从教学环境、教学高程、教学方法等多个方向开展有针对性山策略调整。例如："云笔"可以采集学生练习左确率、书写轨迹、书写时长、停顿问隔、笔力压感等数据，帮助老师快速分析学生在课堂上山知识掌握情况，从而调整教学进度；"云手表"可以采集学生山心率、血氧饱和度、消耗热量、运动强度等数据，有效预防学生运动伤害；"彩云图书馆"山借阅记录能够分析学生山阅读偏好，从而外于老师关注学生潜在山兴趣与爱好；"学生数字画像"综合记录学生德、智、体、美、劳五方经山数据材料，帮助老师作出全面、客观山教学决策与学生评价……在真实山数据驱动下，有效率推教学实施、科学助力学生成长、满足多元数字化教学需求山同时，不断促进学校数字化转型山可持续发展。

附 录

写作文——字.词.句.段.而.

一. 字词.

头悬梁, 锥刺股。

股：大腿。 释义：形谷刻苦学习.

孙敬是汉朝信都（今冀州市）人。他年少好学，博闻强记，而且读书如命，晚上看书学习常常通宵达旦。邻里们都称他为"闭户先生".

念天地之悠悠, 独怆然而涕下：

怆（chuàng）然：悲伤凄侧的样子.

涕：古代指眼泪.

床前明月光，疑是地上霜。

床，不是卧榻之意思；而作"井栏"解。

《辞海》里明确注释，床是"井上围栏"。李白此诗作于唐开元十五年（公元727），现在的湖北安陆

古人把有井水处"称为故乡。诗人置身在秋夜明月下的井边上，举头远望，望生思乡之情。

"倒楣"与"倒霉"

"倒楣"一词大约出现在明朝后期。明朝同袭自隋唐以来的科举取士制度，科举成为当时读书人步入头地的唯一门路。为了求个吉利，在临考之前，有考生的家庭一般会在自家门前竖起一根旗杆，以此为考生打气壮行。时人称这根旗杆为"楣"。

依据当时的惯例，揭榜之时，谁家的子弟榜上有名，厥考自家门前的旗杆可以继续竖不误。如果落第失利，该考生的家人往往就会把自家的旗杆放倒撤去，叫作"倒楣"。

"楣"与"霉"读音相近，江浙一带的人把遇事运气不好、不吉利叫"倒楣"亦即"倒霉"，这个词被后来愈来愈多的人用于口语和书面，直到现在。

课后字词归归类

1. 因为简单，容易写错的字词——
允许、从容、品尝、走廊、取名、婚姻

2. 因为复杂，容易写错的字词——
温馨、疏忽、沸腾、逾越、忠贞、揭竿

3. 因为相像，容易写错的字词——
帐篷、出版、苦恼、桂冠、背脊、摹仿

4. 偏旁部首相同——
泽潺、愉悦、滂沱、蝙蝠、玛瑙、斑斓

5. 字、字或部首、近义词——
气氛、礁石、火焰、身躯、轿车、鳄鱼

6. 读音与字关联不大——
诡异、虔诚、刹壁、揣摩、陌生、干瘪

7. 细节部分容易粗心的字词——
鼻息、编辑、临近、融洽、黎明、绫袭
衣字旁：宽裕、衣衫
示字旁：凝神、神情

8. 意思相近，容易读错拼音，写错，字再一
清近、决窍、恪守、吞齿、障碍、勘择

预习时多翻翻字典。

结合生活实际多认字。

玩玩一字开花。

自觉地做一些词语积累。

近义几组词的辨析：

突然 和 果然

突然 —— 表示发生得很急促。

果然 —— 表示事实与所见或所料相符，含有"真的、果真如此"的意思。

形 与 型

形 —— 形状、形貌、形迹，表示物体的外貌。

型 —— 模型、型号、成型，主要指模型及类似模型的东西。

积累词语 带有"大"字的成语

大×××：大快人心、大张旗鼓、大喜过望、大惊小怪、
大惊失色、大功告成

×大××：树大招风、五大三粗、财大气粗、胆大妄为、
博大精深、好大喜功

××大×：胸怀大志、无伤大雅、随大流、哄堂大笑、
福星大吉

×××大：艺高胆大．胆小大大．神通广大．声势浩大

自高自大．光明正大

例：《镇定的女主人》积累词语

"吩咐"是表示说的词语．这样的字词还有．

一个字：讲．说．喊．叫．呼．吟．读．问．答．训．斥．责．骂．

吼．劝．告．评．议．语．赞．论．述．参．辩．叙．颂曰

两个字：说语．谈语．讲语．叙述．陈述．复述．申述．说明．

声明．谈论．辩论．议论．讨论．商谈．商量．畅谈

说不流畅：有所评留．支支吾吾．吞吞吐吐

表示悄悄地说：窃窃私语

表示诚恳地说：语重心长

积累带有"不"的成语．

迷惑不解．参差不齐．措手不及．滴水不漏．水泄不通

分毫不差．听而不闻．形影不离．一去不还．络绎不绝

美者不善．闭门不出．百思不得．犹豫不决．动荡不安

当其不意．水火不容．无恶不作．无孔不入

积累表示不慌张的词

不慌不忙．有条不紊．镇定自若．从容不迫．处之泰然．视若等闲

找到这些词的相同点了吗？记一记，不理解的查查字典．

写作文步骤：想—写—读—改

以一次作文批改后的评价为例：

病症1：很多自创的生字（别字、拼音）

例：参加比赛的有老虎、孤狸、小兔和小羊。
　　　　　　　　　　虎　狐　　　兔

　　精彩的射击比寒开始了！
　　　　　　　　　赛

　　小狗修加了跨栏，小猫修加了吧弓，小鱼修加
　　　　　参　　　　　　　参　　　　　　　参
了游泳……（好修、好修的运动会啊！）

药方：

1. 认真对待口帝学习的生字新词，不光记字形，更要学会运用，养成积累的好习惯。

2. 养成爱查字典词典，这样就不会出现"拼音文"了，也不会出现用形近字乱替代了。

病症2：有乱古怪的词语（用词不当）

问题一：不是搭档硬"拴"在一起！

　　某些词语在意义上不能相互搭配，不合事理，违反了语言习惯，却被生生地把它们拴在一块，读起来真不自在啊！

例: 这真是一个激烈的运动会啊！

分析: 乍一看没有什么问题, 但读一读总觉得有些不顺眼。"激烈"的意思是指(动作、言论等)剧烈, 声音高亢激昂。比如: 百米赛跑是一项很激烈的运动。大家争论得很激烈。可见用"激烈"来形容运动可以, 那么用"激烈"来形容运动会是否合适呢?

例: 小熊上台了, 它想表演把戏, 小兔瞪得大大的了。

问题二: 没辨清意思胡乱塞。

对词语理解不清, 容易在词义范围大小、感情色彩等方向用得不当, 近义词、关联词用错造成病句。

例: 动物运动会开始了! 小猴、小鹿和小老虎挺身而出, 观众们的掌声连连不断。它们在赛道上一点儿都不手下留情。

其中, "挺身而出""连连不断""手下留情"用得都不恰当。

药方:

1. 重视平时的写句、写段的练习, 写完后反复读几遍, 读上去顺, 词语搭配的问题也就不会出现了。

3. 词语搭配的问题也就不会出现了。

2. 每天坚持15—45分钟的阅读, 可以根据孩子实际进行的少来进行课外阅读, 每天都需要, 而且要持之以恒。

病症3: 把错别字词的移位(移位使用)

问题一: 无法"回收"的脱落

连续表述，没有标点，让人读起来倍感吃力。

问题二：出错门的小标点。

在行首出现逗号、句号，在行末格内出现开门引号等。

感叹句、问句，不使用感叹号、问号，对话人物的语言不用引号。

个别同学能够使用不同位置的提示语来描写语言，但忽视在提示语的位置，忽略了标点。

药方：

1. 对于一些"特殊"的标点，能够学会熟练运用，如引号、感叹号、问号、省略号，包括在特殊时候的运用。字写到一行结束的最后一个方格了，怎么办呢？多半是挤一挤。哪些标点是不能够出现在行首的，要特别注意。

2. 提示语的位置不同，使用的标点不同。人物对话中标点引号的使用，平时写作文就要多操练。

病症4：叙述不清的过程（流畅表达）

问题一：念经咬念

表述的语句简单重复，句式单调，卖似念咬念。

例：不少同学描写的跑步比赛的过程是这样的：××1先跑，××2在第二，××3在最后。跑着跑着，××2跑到了前面，××1发现××2超过他了，又往前跑。

小动物都心想：希望这个动物运动会能够再开一次这样的运动会，能一模一样的运动会能再开一次这样的运动会。

小动物的妈妈们也心想：希望再开一次这样的动物运动会，好吗？运动盛会再开吧。

如此循环往复，如绕口令一般。有大部分文章出现这样的句子，缺乏变化，如马虎应白，却也会影响着诗的作文评分。

问题二：破句多多。

句子不通顺，多由于漏字，缺少必要的说明、病句，使句子读上去怪怪的。

例：一开始，老虎因它有力的大腿来开始，可是，小乌龟马上就追了上去，使比赛变成了平局。

跳远，袋鼠和青蛙，袋鼠就跳一下，就到了终点，青蛙也是一样。

问题三："好好"先生

语言表达过于口语化，出现很多"好"来表达，如："吃好了饭，穿好了运动服，做好了准备，等等。

问题四：千篇一律

有使用比喻、拟人等修辞手法的意识，但是缺乏新意，这使得有些使用相同的叙述、修辞，可能就会造成"审美疲劳"。如形容跑等速度快，"像一支离弦之箭般冲向终点"是最多用得最多的，可是这与儿童的写作内容有关，但是若能够写出新意来：

跑得快——像一支离弦之箭。

像一道闪电一样从大家眼前闪过，太快了！几秒钟后大家才反应过来，发出惊叹般的掌声。（闪电过后，雷声响起。）☺

像一阵风掠过，大家还没回过神来，向那个黄色的身侦早就不见了踪影，只留下几片树叶在地上打转。

可以通过描写把动作的整个过程来使用不同的动词，如：听到发令枪响——很快准备——冲出起跑线——一路飞奔——昂首挺胸撞线。

也可以通过描写不同动物的跑步姿势来防止用词的单调。如马龟：爬，小兔：跳，猎豹：奔，小鹿：跃。

如果在这些动词前加上不同的形容词，那就更好了。

药方：
1. 语言的口语化通过平时多动动笔解决，每次写到"好"字时想一想，在写文章时遇到几句话里重复使用同一词语时想一想，如果不是为了强调而重复的词，试试换个词来试替。

2. 语言表达的很龄如果不是一时能解决的，还是需要大量的课外阅读，加强书面语言的积累与运用。

病症5：毫无约束的想象（含瞎想象）

问题一：大小和内容不看失脱。

例：小狗和小马去比赛跑，小猫和小猴比赛爬树，小山羊和小猪就有事看了。小猪去大睡觉，但小山羊都不肯睡觉，它们发生了纠纷。

问题二：运动项目"五花八门"。

例：小猴兴致勃勃地拿起了笛子，吹起了曲子，可是很多地方不动听，小猴说："真麻烦！"

问题三：计量错误的微型比赛。

例：第一个是跳远，小兔跳了十二厘米，别的小动物都比小兔跳得远。

　　　小狗一分钟跑了12米，小猫比小狗跑得慢。

问题四：组织混乱的运动会

例：比赛开始了，只听枪声一下，第一批人跑得飞快，小兔也没看清楚是谁胜了，只听广播里说了一句话小绵羊胜了。接下来是小兔比赛了，它出了一身冷汗，比赛开始，小兔用力地跑，广播里喊："停赛。"场上运动员都停了下来，小兔听见广播说明天重赛，请运动员们各自回自己的家，它们失望地回家了。

药方：

1. 缺乏生活经验，就写文章而写文章，对不起生活，身边的事物没有观察体验，对基本常识了解得不多，要多走走，多看看，多听听，重体验。

2. 加强阅读，让自己的知识面更开阔，在写文章时的字里行间能够体现出来。

病症6：比例奇特的结构（详略不当）

问题一：板块式的文章。

行文不会分段。在文章中只看见从头到尾只有一个自然段，就像一块板砖。三年级开始学习分段的依据和方法，引导事情的起因、经过、结果等方向进行自然段的划分和排列。

问题二："平均分着笔"。

主要表现在文章没有重点。起因、经过、结果笔墨平均，我们通俗地称为流水账。不能抓住事情的经过重点深入地写。文章读完了，没有深刻的印象，多读几遍，都差不多，分数自然就不会高。

问题三：头重脚身细。

功底行星、大头儿子很可爱，可是在写文章的时候出现这种大头娃娃就有些主次不分了。例如写天气好，阳光普照，森林茂盛等等，与运动会内容无绝大关系，却用了很长的篇幅，而重头戏写重点内容，运动会的过程反而很简单，只写了三四行就结束了。这可能是由于动笔前没有想清楚，也有可能行文不熟练，时间没有掌握好。

药方：
1. 看看作家书，了解课文是怎样进行分自然段的。
2. 每次动笔前，好好构思，大概划分好段落，想好哪些部分准备详写，哪些部分准备略写，然后再开始写作。

病痕7：老气横秋的总结（废话结尾）

多用结尾：这件事情告诉我们一个道理……

要知道并不是所有的文章都要总结收获了什么道理，并且清清楚楚地写在文章结尾，小孩子的文章就应该像小孩子在说话，很少有小孩子喜欢总结道理啦。

例：这真是一只聪明的兔子呀！我们一定要向这只聪明的兔子学习呀！

例：半路上突然下起了大雨，小兔东张西望，想，这可怎么办呀？可是说过要学习不能半途而废。（这叫和学习不要半途而废有关吗？）

药方：

平时就需要在阅读中积累一些好的结尾，不用背，但是一定要多多熟悉写法，并在同一篇的文章中多写几次，就能掌握了。

要做到今，点一点即可，可以首尾呼应，可以点题，都是文章从里收获了道理，有了感悟，读懂了，才是真正入心的道理。

《我的战友邱少云》教案

教学目标：

1. 在课文语言环境中，学生自主识字若干个。

2. 正确、流利、有感情地朗读课文。按时间顺序说出课文的主要内容。联系上下文，理解"我"的心理活动，感受"我"的思想感情。

3. 联系课文内容，了解比喻句的作用，体会比喻句的感情色彩。

4. 感受邱少云的坚强意志和为革命事业牺牲的崇高品质。

教学过程：

一、引入课题

1. 播放歌曲（《中国人民志愿军战歌》）你们熟悉过首歌曲吗？七十多年前，中国人民志愿军就是唱着这首歌来到朝鲜的。

　　当时，新中国刚刚成立，美帝国主义发动了侵略朝鲜的战争。朝鲜是我们的邻国，过了鸭绿江，就是我们中国。（出示地图）为了保家卫国，中国人民志愿军雄赳赳，气昂昂地跨过了鸭绿江，抗美援朝，和朝鲜人民并肩作战。在千千万万的志愿军中，出现了一位年轻的英雄，他就是——（板书课题：邱少云）读名字。我们今天学的课文课题就是——（板书：我的战友）

2. 一齐读课题。

二、理清课文脉络，了解主要内容：

1. 我们已经预习过课文了，课文最后一句告诉我们——（出示：我永远忘不了那一天——1952年10月12日。）

指名读句。课文讲的就是这一天发生的事。那么文章是怎样来写这一天的呢？快速读课文，划出表示时间的词语。（交流出示）课文就是按照这样的时间顺序来写的。自由大方地读读课文，用简要的话完成这个填空。

出示填空：

那一天，天还没有亮，我们连（　　　　　），邱少云（　　　　　）。到了中午，敌人（　　　　），火烧到（　　　　　　），他（　　　　）。黄昏时候，我们（　　　　　），敌人（　　　　　　）。

4.交流。

（出示：

那一天，天还没有亮，我们连摸进"391"高地下面的山坳，潜伏在一条山沟里，与敌人相隔很近，邱少云隐蔽得很好。

到了中午，敌人使用了燃烧弹，火烧到邱少云身上，他趴在火里一动不动，最后牺牲。

黄昏时候，我们勇猛地冲上"391"高地，敌人全部被我们歼灭了。）

把这些话连起来，谁来说一说？

这就是课文的主要内容。

二、抓住比喻句，体会邱少云的伟大精神。

1.这篇课文主要写邱少云，但直接描写邱少云的句子并不多，请大家默读课文，用波浪线划出直接描写邱少云的句子。

2.交流。

① "他也立身伪装，隐藏得更好，相隔这么近，我们乎我不到他。"

齐读。

为什么要这样隐藏起来？（出示：我发现前面六十多米的地方就是敌人的前沿阵地，不但可以看见铁丝网和胸墙，还可以看见地堡和火力点，甚至连敌人讲话都听得见。）

自由读读，你们觉得哪里最能让你感受到敌人离我们很近。（甚至一词）读句子。

"甚至"表现出战士与敌人距离之近，同也，邱少云与战友们要严格遵守纪律，不能暴露目标。如果我们动一下、出一声，敌人就会发现我们。

② 为了整个班，为了整个潜伏部队，为了这次战斗的胜利，邱少云像千斤巨石一般，趴在大雁旦一动也不动，烈火在他身上烧了半个多钟头才渐渐地熄灭。这位伟大的战士，直到最后一息，也没挪动一寸地方，没发出一声呻吟。"

a. 让我们读一读这段话，来感受一下这位伟大的战士在生命最后一刻的表现。个别读，齐读。

b. 课文中写邱少云"一动也不动"，（板书：一动也不动）他是在什么样的情况下一动也不动（在火堆中一动不动）这样，他将面临怎样的后果？（他将面临被活活烧死的后果）。

c. 那么这样的后果能避免吗？

（能。读译文第二自然段：这时候，邱少云只要从大旦跳出来，

就地打个滚，就可以把身上的火扑灭。或以在他的附近，也要
跳过去，扯掉他的棉衣，也能救去自己的战友。）

引读，这时候，邱少云必要——，就——。或以在他附近，必要一，
也能——。

无论是邱少云自救，还是旁边的战士相救都能让邱少云逃离火堆。

d. 邱他为什么不救呢：

　　我们离敌人太近了，必要邱少云动一动，必要我动一动，就
会暴露，轻了班，整个潜伏部队，战斗就会失败。所以他一动
也不动。

e. 作者怎样来形容此刻的邱少云的呢：（作者把邱少云比做千
斤巨石。板书：千斤巨石）他自己一动也不动，这时候，再大的
力量都无法让邱少云动一动。这个有血有肉，活生生的人此时
此刻正以极其顽强的意志趴在火堆里，就像千斤巨石那样
纹丝不动。作者以为只有把邱少云比做千斤巨石，才足以表达自
己的敬佩，才能准确地描绘出英雄心里强意志。

　　每当我读到这一部分的时候，都会非常感动。在比喻的运用
中，我们根少将人物比、更鲜有把有血有肉的人比作石头。我们会
说这个人傻、脾气臭，"就好象茅坑里的石头又硬又臭"，又比喻一个人心
肠硬，竟不为感情所动，说"铁石心肠"，把人与石头放在一起比，多
含贬义。这里为什么要这样比，是引导学生思考的一个点，且层层递进

搬石头，搬巨石，搬千斤巨石，都是为了到达这位英雄而做的铺写！师以发教学时，和孩子们一起反复研读，感动不已。

f. 这是常人难以忍受的痛苦啊！你们有没有不小心被烫到的经历？那时，你有什么感受？邱少云是怎样表现的：

火，无情地燃烧着。爬上了邱少云的背脊，爬上了他的双肩，烤着了他的眉毛、头发！他仍像千斤巨石般的一动不动。这需要多么坚强的意志啊！

g. 最后一句更进一步表现了邱少云的意志。对读（这位伟大的战士，直到最后一息，也没有挪动一寸地方，没发出一声呻吟。）

小结：火在疯狂地吞噬着邱少云，这一幕同样揪动着我的心。

四. 抓住"我"的心理活动，体会作者情感

1. 课题是《我的战友邱少云》，文章不仅写了邱少云，还写到了"我"。（出示课文第七节，我们来看看文章是怎么来写"我"的。个别读。）

2. 这段红色的词语都是描写心情的词语，我们来读读这段，想想"我"担心什么？不忍什么？盼望什么？

3. 我们来做个练习。（出示填空）个别分析后，再请一位同学连起来说一项。

　　看看邱少云　　｛担心　　———．
　　一动不动地趴　　　不忍　　———．
　　在火堆里，我　　　盼望　　———．｝我的心像刀绞一般．

（我担心邱少云会突然跳起来，我怕会突然叫起来。

我不忍眼巴巴地看着战友战友被活活烧死。

我盼望出现什么奇迹——大火突然间熄灭。）

这里为什么不说"我的心像刀割，像针扎一样"呢：（刀割、针扎都一下子的疼痛，而刀割描绘出多种痛苦的情感交织在一起，纠结，绞痛。）

亲密的战友被烈火灼烧，自己非但不能救，还要担心他会暴露不经这种痛苦而自救。但实在不忍心看邱少云受折磨，仅有的希望是出现奇迹。这些痛苦和希望像一把刀在作者心中拼命地绞动着，所以说，我的心——（像刀绞一般）（出示）

4. 能读出作者的这种感受吗：个别读。

（渲染：亲眼看着战友被大火吞噬，这是怎样的痛苦啊！我无能为力，又盼望着奇迹的出现。）齐读。

二、学习第八、九节。

1. 邱少云的牺牲激起了志愿军战士的愤怒。我们一起来读第九节。我们之前了解到课文是按照时间顺序来写的，（出示时间词语）志愿军埋伏在山间里足足一天，而从冲锋到战斗结束才20分钟，被敌人控制的"391高地"被称作是毒牙，它竟能在这么短的时间里就被拔下来，这是为什么呢：我们同桌讨论一下。

交流。（是邱少云的精神激励着战士们；是对敌人的仇恨激怒了战士们；是全体战士像邱少云那样一动不动，才能打得敌人措手不及）让我们再来读读这一节，感受一下这猛虎般的志愿军战士冲锋陷阵的战斗场面。

2. 作者永远忘不了那一天——1952年10月12日。(出示最后一句)学习了课文，我想我们永远忘不了的不仅仅是这一天，更忘不了这场战斗的残酷与惨烈；忘不了这位伟大的战士，他坚如磐石，他心无重于泰山；忘不了千千万万个像邱少云一样的战士，在抗美援朝战争中浴血奋战，保家卫国。

《扬州茶馆》教案

[教学目标]

1. 正确朗读课文，知道课文介绍了几种扬州特色小吃，了解扬州小吃花样多、制作精、味道美的特点。

2. 继续进行复述练习，能够介绍烫干丝的制作过程，体会作者用词的准确、丰富。

3. 品味著名作家朱自清先生极具特色的描写，进一步了解中国传统饮食风俗及饮食文化。

[教学时间] 1课时

[教学过程]

一、引入新课

你们喜欢小吃吗？你喜欢吃什么？为什么？

（出示扬州茶馆图片）我们中国的小吃历史悠久，今天就让我们跟着大作家朱自清去二十年代的扬州茶馆坐一坐，品味一下著名的扬州小吃。

（出示朱自清先生照片）朱自清先生，你们熟悉吗？老师给你们介绍一下，朱自清是现代著名作家、散文家、诗人，他的故乡在扬州，所以他经常自豪地说："我是扬州人。"今天我们学习的《扬州茶馆》就有选自他的文章《话扬州》，来，我们一起来读读课题——扬州茶馆。

二、学习课文

（一）初读课文：整体入手，知道文中介绍了几种扬州小吃，了解扬州小吃"花样多"的特点。

先自由地读读课文，看看扬州茶馆里有哪些小吃？同桌列出来。（板书：小吃）

文章罗列了瓜子花生炒蚕豆、炒白米、三笋牛肉、烫干丝、小笼点心（肉馅儿的、虾肉馅儿的、蟹肉馅儿的）、笋包子、菜烧卖、干菜包子。单一个茶馆里就有那么多小吃，难怪课文第一小节就告诉我们扬州茶馆早上去下午去都是——（满满的）。扬州茶馆吃的——（花样最多）。（板书：花样多）

（二）学习课文第一节：联系课文内容，交流第一小节中扬州小吃给大家的感受。

读读课文的第一小节，读了以后告诉大家，你想到什么，然后联系课文内容和实况况原因，师生交流。

嵌渍的柳条匾，小筛包里叙着有喷喷的瓜子花生炒蚕豆，烫热维垢，牛肉香溷着葱叶香，别有韵味。

刚才不少同学都说喜欢吃炒白米，看看这句句子（出示），请一位同学读一读，让我们来看看它是怎么炒的：

炒出了白米又热又香，露出了黄虎的仁心，炒出了白米由生到熟的过程。好像我们见缝在旁边看他炒一样，朱自清先生不愧为语言大师，生动的描写让我们的口水都要淌下来了。想不想去尝一尝，来读一读，解解馋。齐读。

（三）学习第2节：了解扬州小吃制作精的特点，并通过读示体会作者用词的准确、丰富，并复述"烫干丝"的过程。

同学们刚才都点了自己喜欢的小吃，有一样东西是一定要点的。那就是第二节——烫干丝。齐读第二节的第一句，"不可少的"，再读一遍。这句话说明了烫干丝在扬州小吃中的地位。请一位同学读读这段话，读了这段后，你们想想它主要写的不是烫干丝的味道，那么是什么呢？（做法）制作。

既然是做法，我们也来学学。读读文章，你也试着做做看。请一位同学读译文，一位同学来演示。读的同学读得慢一点，等他完成了每一个动作再往下读。你们知道吗，技艺最高超的茶房能把豆腐干切成17个眼，而这里切成的细丝细得可以穿过绣衣针的针眼：请同学们注意"窄下混"，吋过就是"混"。"搁"，轻轻地放。

最普通的豆腐干能做出这么精致的东西，让我们不得不佩服扬州小吃的制作精细。（板书：制作精）

为什么我们大家都能把做干丝的过程演示出来呢？因为所有写得很清楚。

作者是怎的把它写清楚的呢？看看它是分几步来完成的，注意过程的啊分号。一步先切薄片，切细丝，放在小碗里——对，切。再用开水泡，干丝便软了。——这是烫。最后沥去了水，揿成圆堆似的，再倒上麻酱油，搁一撮虾米和干笋丝在头儿——这是加料。

这三步写得清清楚楚，把过程写清楚外，还写清楚了什么：（动作）还用了许多动词。准确地运用了动词。

你们看，短短一段，十来个变化的动词把煮干丝的过程写得清清楚楚，难怪清光生真了不起，写得真好。你们想不想吃，来，让我们再来读一读。回家自己做一做煮干丝，还可以教教爸爸、妈妈怎么做，做完后，大家一起来分享，妈妈：准是来练得，说说煮干丝的过程，讲得很清楚，你妈妈一定能听明白。讲得真好，妈妈会夸你很了不起呢！

（四）学习第三节：通过反复朗读，了解扬州小吃"味道美"的特点。

接着该要小笼点心了。自由读读第三小节，这一节重点给我们介绍了什么：（菜包子菜烧麦、干菜包子）你从什么地方看出来的：第三小节第二句。

这句话写得很好，让我们来看一看。出示第三小节第二句，好在哪里：（师引读）它先概括地写了扬州小笼点心的各种馅儿，这么多馅儿的且不同说，"最可口的"引出了菜包子、菜烧麦、干菜包子。

让我们来品一品这最可口的包子吧，仔细听听老师分别读介绍菜包子和干菜包子的两句话。听听它们在选料、制作过程、味道上有什么相同和不同之处。（师在读）

做法差不多，因为选材的细微差别，口味截然不同。让我们一面读一面细细地品味它们的味道吧。（生齐读）

味道怎么样？味道好极了。（板书：味道美）

面对这么多好吃的东西，你们想说些什么吗？去求练习，而索了扬州小吃，让人不禁感慨：（   ）。

二、总结全文

文章的最后两句话火马出了人们对扬州小吃的喜爱。齐读，你们从哪里看出他们对扬州小吃的喜爱？有的人是慢慢品尝，这么好吃的东西要慢慢吃，细水长流嘛；有的人才不管呢，图个痛快，狼吞虎咽，宁愿撑着肚子回家。还有人为扬州小吃编了童谣呢，你们想不想听一听？扬州小吃童谣录音。

虽然我们没有去过扬州茶馆，但这堂课里，我们好像身临其境，品尝了炒白米、烫干丝、千层包子，那么多美味可口的扬州小吃，我们不禁要感谢语言大师朱自清，让我们一饱口福，一饱耳福。

附板书：

43. 扬州茶馆

小吃 ＜ 花样多
制作精
味道美

后　记

感恩于漪先生

每次都会情不自禁用"先生"来敬称于老师，因为在我们的民族文化中，"先生"一词具有深意，那是三尺讲坛上教书者的称谓。写这篇文章前，又翻看了多年前的笔记，查看了自己的朋友圈，认识于漪先生很多年，她的话、她的文都好看地浸润在我的心田。她的很多做法，至今深深地影响着我。

潜精研思，重视每一次教学过程

初为人师，一次教了天会了，看了于漪先生的课，当时的感觉是极其震撼的，尤其是她说到每一节课，即使是同样的课文，每次教学前都会重新思考，没有一节课是上得一样的。向那时，我是第一次听到于先生讲述她的三次备课过程。第一次备课不看任何参考书、资料和教参，全凭自己的理解对教材进一次整体把握。第二次备课广泛收集各种参考文献资料，看看名师、教育专家是如何授课和对教材进行分析的，同时思考三个问题：哪些问题参考材料上想到了，我也想到了；哪些问题参考材料上想到了，我没想到；哪些问题参考材料上没有想到，我想到了。第三次备课是在上一个平行班之后，总结经验，进行教学反思之后再备一次课。这样的备课模式深深印入了我的心里，我借来于老师课的录像，一节节的学习，一段段品味，一次次被感动，精彩的课堂，能把学生牢牢吸引住的课堂就是这样锻造出来的。

这些年，无论怎样忙碌，我都深爱且坚持站在这三尺讲台授课，也在努力尝试，即便拿到同样的课文，依旧会像初拿课文那样认认真真地钻研，力争我的课堂上能让学生"学有所得，情有所悟"。成为学校管理者后，我开始研究"三三制"备课制度。步湾一中心小学的"三三制"备课除了在教学目标上坚持知识点、技能点、情感点，在教学手段上分传统式、现代式和个性化，在备课阶段则参照了于老师的三个阶段：第一阶段 集体备课，主要着眼对教材的理解分析。充分发挥教研组研究的作用，对于教材文本进行解读分析，提出备课思路。第二阶段 个性修改。根据预设的教学计划结合本班班情做出调整，进一步完善教案，确保每个班级都能享受到最佳的教学。第三阶段：课后反思。教学后几要下过程中去观的闪光点和不足，即刻反思以求取得最佳的教学效果。"三三制"备课，既发挥了资源共享信息量大的优势，调动了每位教师的智慧和积极性，实现了优势互补，使教学计划更为完善，教学设计更为精准、完善，为学生提供了相对优质的教育。

　　于漪先生近2000篇文存序，行云流水，情感充沛，每一篇序打磨背后透着匠心独特。她执着之精神追求和精湛之教学艺术啊！打动着每一个观序者，或永远是学习者，心之所向，行之所往。

树魂立根，重视每一处教育细节

　　我曾多次在于漪先生之讲话中听到"国家""民族"，那是因为先生有着强烈之使命感和高度之责任感。她说过："教师最根本的是自己心中要有共产主义旗帜飘扬，对党对社会主义满腔热情满腔爱，坚信共产主义一定能实现。""教师胸中要有一团火，在任何情况下都要朝气蓬勃，对学生有感染力、辐射力。"她提出育人要育心，浇花要浇根，要培育学生树立热爱党、热爱社会主义、热爱祖国之"魂"，立爱国主义为核心之民族精神这个"根"，为学生全面成长奠定坚实之基础。

　　如何让共产主义之旗帜飘扬起来？如何让胸中之那团火熊熊烧起来，且长燃不息？我一直在思考于漪先生之语，怎样才能于细节入手，于实处实践。我们学校比邻中共一大纪念馆之一所公办小学，2006年学校成立了全国第一个由孩子们自发组建之中共一大纪念馆小小讲解员社团，名为"红喇叭"，希望借由他们这一个个"小喇叭"把党的故事讲给更多同龄人听，把红色基因同一代代传承下去。社团不断壮大，已为中共一大纪念馆培养了两千多名"小小讲解员"，更是推出了普通话版、英语版、连环画版、沪语版和快报版等多种少年儿童喜闻乐见的中共一大纪念馆"少版讲解词"。兴业路上的纪念馆留下了几千名"小小讲解员"的童年记忆与成长足迹。如今，最早的那批"小小讲解员"们早已走上了工作岗位，有的已为人父母，而他们在中共一大纪念馆里烙上的红色印记始终未变。

17年来，句肓来时路，于漪先生的教导言犹在耳，每一个教育细节都是我们丰富的资源，都能成为我们实践的起点。帮助和守护少年儿童扣好人生第一粒扣子，引导孩子坚持涵养家国情怀，赓续红色血脉，将一直持续下去。同样的，我们的"中国人过中国节""约会劳模、感动你我""好书伴我共成长"等系列活动也将持续下去。我求索兹为习者，心之所向，行之所往。

砥砺琢磨，重视每一个历练机会

于漪先生深耕在一线的耕耘，同样关注青年教师的培养。她用自己的实践告诉我们，一辈子做教师，一辈子学做教师。

尽管她年事已高，但是只要有听课任务，她总是早早地赶去现两，在听评过程中认真记录，在之后的评评环节，他都带有深厚文化底蕴，精准到位的点评常常让人沉醉其中，受益匪浅。

记得在n年前的一次"中华传统文化优秀基因现代传译译程"发布会上，我的两个徒弟，潘薇玉老师上课，黄春状老师说课，我在一旁听着，看着于漪先生专注地听课，时不时会心一笑，或是频频点头，或是与旁边的素宾交流。我的心中常常感慨，作为一线教师，能够请于漪先生听一节课，评一节课，是何等荣耀！记得2008年时我曾经也期盼有这样的机会，当时"两纲教育进课堂"，我准备的课是《扬州茶馆》，得知于漪先生可能来听我上课，我激动极了，那次的备课用了十二分的心，度过了一个个难忘且难熬的夜晚。后来尽管是市级展示课，由于其他原因，于先生没有来，课上得很顺利也得到了好评，我的心里总是空空落落的。请于先生听一节我的语文课，提出其中的批评，成了我的愿望，哪怕我仍然在自己的一亩三分地劳作着，热切地期盼着。

那么多年过去了，尽管愿望尚未实现，但是那天我的两个徒弟有幸得到于先生的指导，让我动容不已。那天，年近九旬的于漪先生评课，无论我们怎么劝，她仍坚持站着讲话。从我踏上老师岗位那年起，直到今天，于先生年事渐高，但是只要一上

讲台，她就立刻眼睛发亮，容光焕发，说话一字一顿的抑扬顿挫……她一字一顿地告诉我们，好课，深入人心的课就是这样钻研出来的。我们所讲述的内容要直抵学生的内心。那天，我在一旁听着听着，心中的敬意涌上心头，涌入眼眶，化成了感动的泪水。活动结束，我恳请于老师和潘老师，赶春珍重给我留下了两张珍贵的合影，那种多年来没有被她们保留的遗憾，在这一刻完全化解了。

重视每一次历练的机会，在后来的日子，我们依旧会回想起那天的课堂，不停脚步，拔节成长。我永远是学习者，心之所向，行之所往。

到今年，我工作已经二十八个年头，从一门青涩找师入门，到研究教学入心，关注育人入微，探索成长入境，师生成长入情，再回归自省修身入静。每一个阶段，每一份体验中，于漪老师都仿佛指路明灯般指引着。从此高作为丰韦后心，感恩先生，牢记先生所说"教育，一个肩膀挑着学生的现在，一个肩膀挑着祖国的未来"，我愿意为之奋斗终身，无怨无悔。

图书在版编目（CIP）数据

云中锦书：我的情感教育手记 / 吴蓉瑾著. — 上海：
上海教育出版社，2023.4
ISBN 978-7-5720-1737-7

Ⅰ.①云… Ⅱ.①吴… Ⅲ.①情感教育－教学研究
Ⅳ.①G44

中国国家版本馆CIP数据核字(2023)第058374号

责任编辑　戴燕玲
封面设计　陆　弦

云中锦书：我的情感教育手记
吴蓉瑾　著

出版发行　上海教育出版社有限公司
官　　网　www.seph.com.cn
地　　址　上海市闵行区号景路159弄C座
邮　　编　201101
印　　刷　上海雅昌艺术印刷有限公司
开　　本　700×1000　1/16　印张 18.25
字　　数　175 千字
版　　次　2023年4月第1版
印　　次　2023年4月第1次印刷
书　　号　ISBN 978-7-5720-1737-7/G·1593
定　　价　98.00 元

如发现质量问题，读者可向本社调换　电话：021-64373213